# Dietrich Mierswa

# Gewächshäuser

Gärtnern leicht und richtig

Dietrich Mierswa

# Gewächshäuser

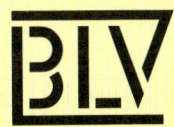

Fotonachweis:

Burda 3, 4/5, 6, 20, 43, 44, 62, 66, 68, 72/73, 76, 79, 84, 85, 86, 91
Dietrich Mierswa 7, 9, 10, 11, 21, 25, 29, 31 l, 31 M, 33, 34, 36, 39, 46, 47, 55, 56 o, 59, 69, 74, 94, 95, 96, 97, 98
Lars Mierswa 42, 57 r, 57 l, 58
Niehoff 89 o
Redeleit 2 r, 8, 14, 15, 18/19, 22/23, 24, 28, 30, 31 r, 38, 40, 48, 49, 50, 53 u, 54/55, 60/61, 64, 67, 82, 87, 92/93
Reinhard 2/3, 21, 52/53, 56 u, 65, 70, 71, 88/89, 90
Stehling 26/27, 32/33, 45, 51, 80/81, 83, 93

Umschlaggestaltung:
Studio Schübel, München

Umschlagfotos:
Vorderseite: Burda
Rückseite: Redeleit (links)
　　　　　Burda (rechts)

Die Deutsche Bibliothek –
CIP-Einheitsaufnahme

**Gewächshäuser** / Dietrich Mierswa. –
München; Wien; Zürich: BLV, 1993
　(Gärtnern leicht und richtig)
　ISBN 3-405-14395-0
NE: Mierswa, Dietrich

BLV Verlagsgesellschaft mbH
München Wien Zürich
8000 München 40

© 1993 BLV Verlagsgesellschaft mbH,
München

Layout: Anton Walter, Gundelfingen
Lektorat: Katja Holler
Herstellung: Ernst Großkopf

Satz: Weihrauch, Würzburg
Druck: Appl, Wemding
Bindung: Auer, Donauwörth

Printed in Germany
ISBN 3-405-14395-0

# INHALTSÜBERSICHT

# Planung ist das erste

Gut geplant ist halb gebaut. Vor allem: Nicht zu klein bauen! Später könnte man es bereuen. Schließlich kann bei einem längeren Gewächshaus eine Quertrennwand eingebaut werden, und das ist eine feine Sache, läßt sich doch dadurch eine »wärmere« Abteilung einrichten. Somit sind auch Gewächse mit unterschiedlichen Ansprüchen an die Temperatur anzubauen. Rund 90% der Gewächshauskäufer wünschen Breiten von 2,60–3 m bei Längen von 3–4 m. Günstig ist ein »Mehrzweckhaus« mit hohen Steh-(Seiten-)Wänden von ca. 1,60–1,80 m, je nach Breite auch höher, und einer Firsthöhe von

2,10–2,40 m. Wer sich ein billiges Minihäuschen zulegt, darf keine hohen Ansprüche an die Nutzungsmöglichkeiten stellen. Mit angewinkelten Ellbogen gärtnern macht keinen Spaß. Je mehr Luftklappen vorhanden sind, desto günstiger ist es für künftige Nutzungen. Wo es sich anbietet, an eine Hauswand ein Pultdachgewächshaus zu bauen, ist sogar eine wintergartenähnliche Funktion zu verwirklichen. An das beheizte Wohnhaus ist das Gewächshaus leicht anzuschließen.
Treppen und Stufen erschweren die Tätigkeit im Gewächshaus und rundherum – vor allem älteren Gartenfreunden. Viel bes-

ser ist es, einen Höhenunterschied durch eine »schiefe Ebene« zu überbrücken. Dann kann man mit der Schubkarre gleich durch die (entsprechend große) Tür in den Gang zwischen den Tischen fahren. Türbreite, Treppen und Stufen sind auch im Zusammenhang mit Tätigkeitsbereichen für Behinderte zu sehen. Und da sind solche Hemmnisse unüberwindbare Barrieren. Daher behindertengerechte und rollstuhlbefahrbare Voraussetzungen schaffen, um allen Anforderungen gerecht werden zu können.

**Zu diesem Gartenparadies gehört einfach ein Gewächshaus dazu.**

# Standort

# Behördliche Auflagen?

Der einmal festgelegte Platz ist endgültig, zumindest bei einer Bauweise, bei der das Gewächshaus in frostfreiem Fundament steht. Wichtig für die Wahl des Standortes sind die Lichtverhältnisse, auch bei trüber Witterung und in der Jahreszeit niedrigen Sonnenstandes. Für schattenliebende Pflanzen lassen sich mit technischen Einrichtungen diffuse Lichtverhältnisse schaffen, mit Lampen kann man jedoch natürliches Licht nicht gänzlich ersetzen.

»Windlagen« und »Frostlöcher« im Garten sind ungünstig. Der Grundwasserstand sollte bei ca. 1,50 m liegen – damit keine feuchten Fundamente entstehen!

Die Wasserleitung sollte ins Gewächshaus verlegt werden können – bei Winterbetrieb muß sie »frostfrei« 0,80–1 m tief liegen. Stromzuführung und mindestens 2 Steckdosen für Beleuchtung, Luftbefeuchter, Ventilator, evtl. Elektroheizung und andere Einrichtungen sind für das voll einsatzfähige Gewächshaus erforderlich. Bei Verbindung mit dem Wohnhaus ist das Gewächshaus an die Zentralheizung anzuschließen, mit eigenem Regelkreis. Entfernungen sind durch frostfrei verlegte, isolierte Zu- und Rückleitungen zu überbrücken.

Vor der Anschaffung des Gewächshauses ist zu empfehlen, sich beim städtischen Bauamt (für das Stadtgebiet) oder beim Kreisbauamt des Landratsamtes (für Gemeinden des Landkreises) über mögliche Auflagen zu informieren. Die Baubestimmungen sind unterschiedlich. Das Bauordnungsrecht liegt in der Kompetenz der Länder. Es können sich auch innerhalb eines Bundeslandes Unterschiede ergeben. Die Fragen der Grenzabstände sowie der Standort, z.B. einsehbarer Vor-

gartenbereich oder Gartenteil hinter dem Haus, sind Kriterien, die öffentlichrechtliche Interessen berühren können. Dazu gehören auch: »festes« Glashaus, Folienhaus, heizbar (Feuerstelle oder Anschluß an Wohnhausheizung), freistehend, Anbau an ein Gebäude (Wintergartennutzung?). Diese Punkte sind vorab zu klären. Das betrifft auch Kleingartenanlagen. In manchen sind Gewächshauser verboten, in anderen ist der Bau gestattet. Das steht in der Vereinssatzung.

**Foliengewächshaus**

# Bauformen

Für eine der folgenden drei Grundformen muß man sich entscheiden, das richtet sich außer dem persönlichen Geschmack auch nach den örtlichen Gegebenheiten und den künftigen Nutzungsansprüchen.

## Satteldachgewächshaus

Es hat ein zweiseitiges Dach beiderseits des Firstes. Vorteilhaft ist der Tageslichteinfluß von allen Seiten, vor allem bei freiem Standort im Garten. Dann steht auch zu der Jahreszeit mit niedrigem Sonnenstand das ohnehin geringere natürliche Licht ungehindert zur Verfügung. Das gilt auch für Tage mit trüber Witterung. Für die Lichtausbeute haben auch die Stehwände eine Bedeutung. Je höher sie sind, desto besser ist es. Dadurch ist das Gewächshaus nicht nur höher, es kann auch ringsherum mehr Licht in das Innere gelangen. Für Pflanzengattungen mit geringeren Lichtansprüchen lassen sich mit technischen Einrichtungen (Schattierung) diffuse Lichtverhältnisse schaffen.

Bei freier Aufstellung im Garten wird allgemein die Nord-Süd-Richtung bevorzugt. Jedoch spielt die Himmelsrichtung nicht mehr die große Rolle, die ihr früher beigemessen wurde. Das ist häufig durch die Grundstücksverhältnisse und vorhandene Bebauung auch gar nicht möglich. In den lichtarmen Wintermonaten ist die Lichtausbeute bei Aufstellung in der Ost-West Achse günstiger.

Wenn es die örtlichen Gegebenheiten zulassen, kann das Satteldachhaus mit einem Giebel an das Wohnhaus angebaut werden. Das ermöglicht den direkten Zugang und erleichtert den Anschluß an die Zentralheizung.

Der Vorteil des allseitigen Lichteinfalles bei freiem Standort erfordert allerdings einen höheren Wärmeverbrauch. Beim Anbau an das Wohnhaus entfällt ein Giebel als Wärmedurchgangsfläche. Allerdings: Lichteinbußen durch die Verbindung Wohnhaus-Gewächshaus sind nicht so einschneidend, denn selbst ein freistehendes Satteldachgewächshaus ist tagsüber nur selten »lichtdurchspült«, weil es häufig in der Umgebung schattenspendende Objekte gibt.

## Pultdachgewächshaus

Auch als Anlehnhaus bezeichnet, denn es wird längsseitig an eine Mauer, Garage oder an das Wohnhaus angebaut. Letzteres ist die optimale Verbindung.

**Fast profimäßig: Satteldachgewächshaus und zwei Frühbeete.**

# Pavillongewächshaus

Die im Verlauf der letzten Jahre immer mehr auf den Markt drängenden Rundgewächshäuser haben meistens einen sechs- bis neuneckigen Grundriß. Sie eignen sich eher für die Pflanzenanzucht und die Nutzung mit Ziergewächsen, auch exotischer Arten, als für den Gemüseanbau. Hinsichtlich des Lichtangebotes im Inneren sind sie Satteldachformen ähnlich, zumal sie meistens freistehend ihren Platz im Garten haben.

**Oben: Pultdach- und Anlehn-gewächshaus.**

**Rechts: Attraktiv und Garten-mittelpunkt – das Pavillon-gewächshaus.**

Das erfordert mehr Platz als der giebelseitige Satteldachhaus-Anbau. Im Gegensatz zum Satteldachgewächshaus hat das Pulthaus ein einseitiges Dach. Am besten steht es in Ost-West-Richtung mit der Dachneigung nach Süden. Das ergibt optimale Lichtverhältnisse. Mit technischen Mitteln sind auch hier »Überangebote« an Licht und Wärme zu mildern. Ohne Schattierung sind Anlehnhäuser in Südlage kaum zu betreiben. Es ist zwar nur ein halbiertes Gewächshaus mit einseitigem Dach, in der Nutzung aber durchaus vollwertig. Ratsam ist es, sich auch hier für eine möglichst hohe Stehwand zu entscheiden, damit der Platz unter den Gewächshaustischen zu nutzen ist.

# Bauweisen

Gewächshaus ist nicht gleich Gewächshaus. Unterschiede gibt es in den Bauformen: Satteldach-, Pultdach-, Pavillongewächshaus sowie in den Bauweisen: stabile oder leichte. Die Entscheidung für die Art der Bauweise ist im Zusammenhang mit der künftigen Nutzung zu klären, wobei die Tendenz zu einer »Allerweltsnutzung«, zu einem Mehrzweckhaus, geht.

Stabilbauweisen erfüllen alle Anforderungen, die an ein Gewächshaus gestellt werden. In entsprechender Ausführung werden sie auch den hohen Ansprüchen gerecht, die Gartenfreunde an ein Pflanzenheim stellen. Die gegenüber Leicht-

bauweisen stärker dimensionierten Konstruktionsteile halten länger als ein Gartenleben. Fest zusammengefügt, die Einzelteile von Schrauben gehalten oder mit Schweißnähten verbunden und auf ein solides Fundament gestellt, ob in Eigenfertigung zusammengefügt oder als Fertigteil-Gewächshaus erworben; so eine Konstruktion ist der Wunschtraum eines jeden Freizeitgärtners, der sich mit Liebe und gärtnerischem Fingerspitzengefühl seinen Pflanzen widmet.

Nahezu alle technischen Einrichtungen lassen sich installieren. An der stabilen Konstruktion können sogar Warmwasserheizungsrohre angebracht werden.

In unmittelbarer Nähe des Wohnhauses als freistehendes Satteldachhaus oder giebelseitig angebaut bzw. in Pultdachform in direkter Verbindung zum Wohnhaus, ist der Anschluß an die Wohnhausheizung kein Problem. Es muß nur für das Gewächshaus ein eigener Regelkreis vorgesehen werden.

Unter der Voraussetzung eines optimalen Standortes und einer entsprechenden Bauform sowie ausreichend bemessenen Heizungs- und Klimaeinrichtungen sind in einem Gewächshaus dieser Konzeption eigentlich alle gärtnerischen Wünsche zu erfüllen. Das Kalenderjahr wird zum Gartenjahr.

Wachsen, Blühen und Gedeihen sind dann im Winter ebenso möglich, wie sich besonderen Raritäten zu widmen oder, wirtschaftlich denkend, den Gemüseanbau intensiv zu betreiben.

Leichtbauweisen haben meistens schwächer dimensionierte Konstruktionen. Sie können auch aus beweglichen Teilen bestehen. Beispielsweise aus Konstruktionen, die aus Frühbeetfenstern oder auch aus folienbespannten Rahmen zusammengebaut werden, wie häufig in Kreationen »Marke Eigenbau« zu sehen ist. Solche Gewächshäuser können, ähnlich der Wanderkästen bei Frühbeeten, ihren Standort wechseln. Leich-

**Satteldachgewächshaus, verzinkt, mit Dach-, Seiten- und Giebellüftung, 3 m breit.**

**Foliengewächshaus: 4 m lang, 3 m breit, mit Schiebetüre.**

herbst, auszustatten. Diesem jahreszeitlichen Nutzungswert sollte man sie auch zuordnen: Von der Jungpflanzenanzucht über die Ausnutzung mit Gurken, Tomaten, Paprika bis hin zum Herbstanbau mit Salat, Kohlrabi, Feldsalat und anderen Gewächsen gelingt vieles.

Ein folienbespanntes Gewächshaus in solider Leichtbauweise ist oftmals der Einstieg für Gewächshausgärtner. Mit Doppelfolie bespannt (Wärmedämmung) und einer Zusatzheizung ist es durchaus für die Überwinterung von Balkon- und Kübelpflanzen geeignet.

te Bauweisen haben den Vorteil, daß sie auch ohne überragende handwerkliche Fähigkeiten schnell zu fertigen sind, besonders, wenn mehrere Frühbeetfenster bereitliegen. Sie werden lediglich zusammengesetzt. Allerdings ist zu bedenken: Die stärkeren Rahmen der Frühbeetfenster bewirken einen erheblichen Lichtverlust. Leichte Bauweisen sind kostengünstig, ein festes durchgehendes Fundament ist nicht unbedingt nötig. Hohlblocksteine, Balken- oder Punktfundamente erfüllen durchaus ihren Zweck. Dafür sind sie in der Regel weniger dazu geeignet, das Gärtnern unter Glas und Folie ganzjährig zu betreiben. Je nach Konstruktion und Eindeckung (Glas, Kunststoffplatten, Folie,

Frühbeetfenster) sind sie meistens auch nicht so »dicht« und würden einen erhöhten Heizungsaufwand erfordern, wollte man sie in den zwölfmonatigen Gartenfahrplan einbeziehen. Trotzdem sind auch Leichtbauweisen mit Heizungen, zumindest zum Frostfreihalten im zeitigen Frühjahr und im Spät-

**Gemüseallerlei im Folienhaus.**

11

# Bauteile

Das Gewächshaus setzt sich aus verschiedenen Konstruktionsteilen zusammen:

Die Dachsprossen verbinden First und Traufe und nehmen die Eindeckung auf.

Wichtig sind Luftklappen im Dach, am besten auch in den Stehwänden. Die Lüftung hat die Aufgabe, die Temperatur im Gewächshaus zu reduzieren,

Der First ist der obere Abschluß.

Längsseiten werden durch die Giebel verbunden. Satteldachhäuser, die mit einer Stirnseite an einem Gebäude angebaut sind, haben nur einen Giebel; Pultdachhäuser besitzen nur eine Längsseite und haben zwei Giebel.

Die Tür ist in einem Giebel eingefügt. Um Wärmeabfluß zu vermeiden, ist dichtes Schließen wichtig. Sie soll 1,90–2 m hoch und 0,70–1 m breit sein. Außer Drehtüren sind Schiebetüren von Interesse, weil sie Platz sparen.

Die Türschwelle soll niveaugleich mit dem Gewächshausweg und dem umgebenden Boden sein. Schwellen sind zu befürworten, wenn eine höher liegende Schwelle vor einfließendem Regenwasser schützt. In diesem Fall ist die Standortfrage nicht richtig gelöst.

Nicht alle Gewächshäuser haben die skizzierten Konstruktionen. Es gibt auch Abweichungen.

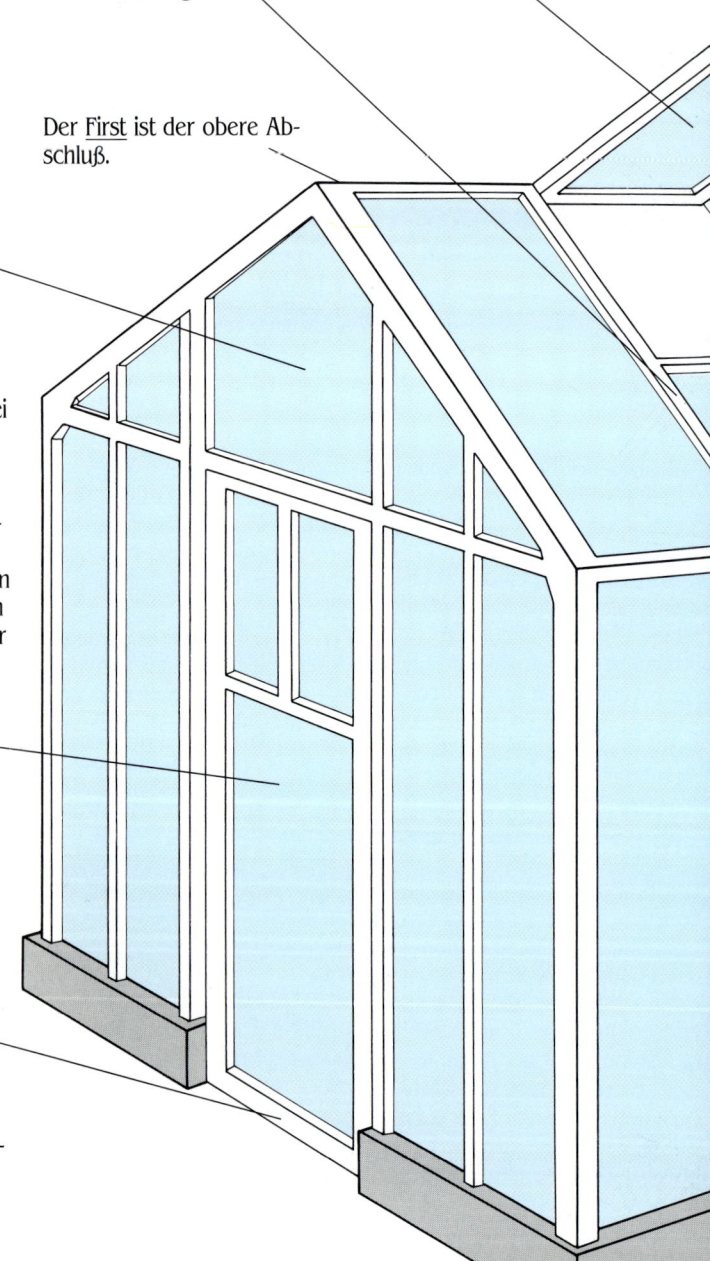

eine gute Luftumwälzung zu gewährleisten und auf den Luftfeuchtigkeitsgehalt einzuwirken. Luftklappen müssen in verschiedenen Stellungen zu arretieren sein, um Öffnungswinkel zu variieren und die Luftzufuhr zu regulieren.

Am besten sind Zuluft- (in Stehwänden) und Abluftöffnungen (im Dach). Im Sommer soll eine Angleichung an die Außentemperatur stattfinden. Auch bei Windstille muß der Lüftungseffekt gewährleistet sein. Mit leistungsfähigen Lüftungen wird der Luftinhalt etwa zwanzigmal in der Stunde erneuert.

Bei Gewächshäusern mit Luftklappen in den Giebeln ist der Einbau eines Ventilators in einer Giebelseite ratsam.

Als Unterzüge oder Pfetten werden die längsseitig durchlaufenden Profileisen bezeichnet, die bei kleineren Häusern meistens nicht notwendig sind.

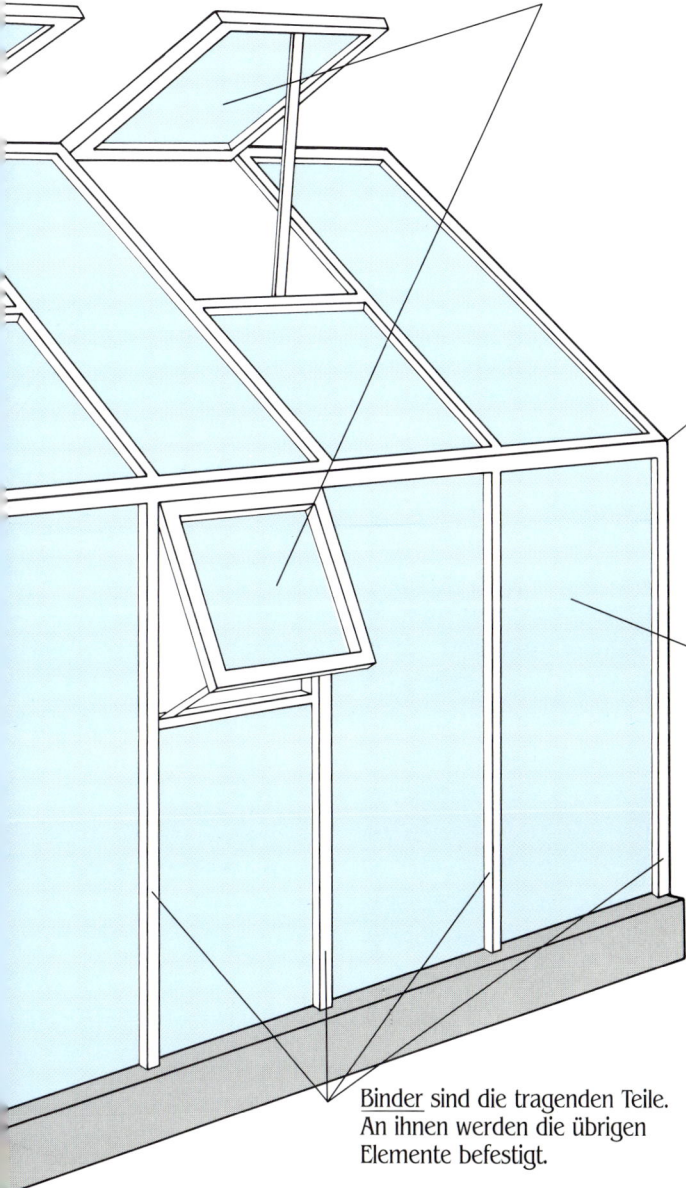

Die Traufe ist der Übergang von der Stehwand zum Dach. An ihr sind die Dach- und Stehwandsprossen befestigt sowie Dachrinnen angebracht.

Die Stehwand ist der Teil zwischen der Traufe und dem Fundamentkopf. Satteldachgewächshäuser haben 2 Stehwände; Pulthäuser haben nur eine Seitenwand. Auf dem Fundamentsockel oder dem Mauerwerk verbindet die Mauerschiene die Stehwandsprossen mit der Traufe. Besser sind gerade Stehwände, schräge verengen den oberen Gewächshausteil. Auch die Stellfläche der Tische verkleinert sich dadurch; man muß sie schmaler halten, da nur im unteren Teil die volle Breite zur Verfügung steht.

Binder sind die tragenden Teile. An ihnen werden die übrigen Elemente befestigt.

13

# Fundament

# Bausätze

Das Fundament ist der Fuß des Gewächshauses, das auch an stürmischen Tagen feststehen soll und sich nach Frostperioden nicht verzogen darf. Hergestellt wird es aus: 1 Raumteil Zement und 8 Raumteilen Sand und Kies. Es wird frostfrei, also 0,80–1 m tief, gegründet. Eine Breite von 20–30 cm reicht für kleine Gewächshäuser aus. Fundamente sind gut selbst zu fertigen. Gewächshausgröße und die Verankerung der Bauteile sind die Grundlage, um die notwendigen Aussparungen freizulassen bzw. die Steinschrauben, mit denen die Konstruktion befestigt wird, gleich einzubetonieren.

Gewächshaushersteller liefern oft einen Fundamentplan, aus dem die Einzelheiten hervorgehen. Empfohlen werden Fundamente der Betonfestigkeitsklasse B 15. Zweckmäßig ist das Einbringen von Armierungseisen, die horizontal und vertikal mit eingefügt werden und zur besseren Haltbarkeit des Fundaments beitragen. Die Oberkante des Fundamentkopfes soll schräg nach außen verlaufen, um Regenwasser abzuleiten. Wichtig ist, aufsteigende Feuchtigkeit abzufangen. Dazu fügt man am Übergang vom Fundament zum Sockel oder zur Mauer einen isolierenden Dichtungsstreifen ein.

Gewächshäuser sind in allen gebräuchlichen Materialien, von der einfachen Standardausführung bis zum vollautomatischen Modell zu bekommen. Das Baukastensystem ermöglicht auch eine Verlängerung. Man kann klein anfangen und später erweitern. Meistens liefern die Gewächshaushersteller auch Inneneinrichtungen und Heizungen sowie automatische Anlagen für die ständig wiederkehrenden Arbeiten wie Gießen, Spritzen, Temperaturregeln, Lüften. Gewächshausgärtner schätzen das, wissen sie doch bei Abwesenheit die Pflanzen versorgt und von optimalen Wachstumsbedingungen umgeben.

Im Zuge der Energieverteuerungen wird das Bestreben vieler Hersteller deutlich, Konstruktionen mit optimaler Wärmedämmung anzubieten. Wo z.B. die Konstruktion mit Kunststoffprofilen abgeschirmt ist, kann diese nicht mehr als »Kältebrücke« fungieren. Auf diesem Gebiet wird es noch eine weitere Vervollkommnung des Bisherigen geben.

Je größer aber das Angebot ist, desto mehr Auswahlmöglichkeiten sind vorhanden, um so kritischer muß man aber auch

**Unerläßlich: Kontrolle des Fundaments mit der Wasserwaage.**

**Aufbauphasen: Zusammensetzen des Giebels (oben), Ausrichten der Konstruktion (oben rechts), Einschieben der Scheiben (rechts), letzte Kontrolle (unten).**

vergleichen. Preisschlager und Sonderangebote halten nicht immer das, was versprochen wird. Nachträgliche Korrekturen – soweit überhaupt möglich – übersteigen das vermeintlich Eingesparte, bringen Ärger und können schon die erste große Freude nehmen. Wer sich für ein Gewächshaus interessiert, schaue sich nicht nur die meistens wunderhübschen Prospekte an, sondern versuche eine getroffene Auswahl an Typen »von Angesicht zu Angesicht« kennenzulernen. Der Vergleich von Traufen- und Firsthöhe ist dabei ebenso wichtig wie die Frage nach geraden oder schrägen Stehwänden und Serienausstattungen. Oftmals reicht die Luftklappenzahl für südliche Verhältnisse nicht aus.

# Selber bauen?

Ein Selbstbau ist nicht jedermanns Sache. Handwerkliche Arbeit ist für den Ungeübten nicht ganz einfach. Eine Selbstbaukonstruktion, die später Mängel aufweist, kann zur Ursache ständigen Ärgernisses werden. Ein fertig konstruiertes Gewächshaus, das nur noch nach einem ausführlichen Bauplan zusammengesetzt werden muß, hat auf jeden Fall etwas für sich. Das Baukastensystem macht den Zusammenbau leicht. Alle Teile werden miteinander ver-

**Etwas für Versierte: Metallkonstruktion zum Selberbauen.**

schraubt und aufgestellt. Und das ist selbst zu bewerkstelligen. Talentierten Heimwerkern macht es Spaß, ein Gewächshaus selbst zu errichten. Vielleicht als Versuch ein Folienhaus? Als Konstruktion genügt ein leichtes Gerüst aus Holz oder aus Eisenprofilen (Winkel-, T-Eisen). So wiegt 1 m$^2$ Glas mit 3 mm Stärke 7000 g, während die gleiche Fläche in 0,15 mm starker Folie nur etwa 180 g schwer ist. Spanndrähte unter der Folienhaut, die 0,15–0,20 mm stark sein sollen, verhindern das Durchhängen der Folie. Am besten setzt man ein solches Gewächshaus aus einzelnen Rahmen zusammen.

Daneben bieten Leichtbauweisen aus Frühbeetfenstern ein Betätigungsfeld auch für den nicht ganz perfekten Bastler. In Satteldach- oder Pultdachform kann man sich eine Tragkonstruktion aus Winkel- und T-Eisen fertigen und legt die Fenster auf oder schiebt sie gegebenenfalls ein. Die T-Eisen haben den Abstand der Fensterbreite von 1 m bei Normalfenstern. Holz als Unterkonstruktion ist wegen der erforderlichen Stärke des Materials nicht recht geeignet. Die Lichteinbuße wäre zu groß, zumal schon die Fensterrahmen mehr Schatten als Gewächshaussprossen geben. Fensterhäuser sind jedoch mehr ein Notbehelf und nicht so dicht wie feste Konstruktionen. Daher die Fensterstöße mit Kunststoffprofilen abdichten. Die Giebel werden am besten unter Verwendung von Sprossen fest verglast.

Folie muß vor mechanischer Beschädigung geschützt werden, z.B. dem Reiben auf der Konstruktion durch den Wind. Schaumstoffprofile auf Metallteilen verhüten die Zerstörung durch Überhitzung (Sonnenerwärmung) auf den Auflageflächen der Konstruktionsteile. Wird Folie nicht gebraucht, wird sie dunkel aufbewahrt, denn sie wird besonders durch den Ultraviolett-Anteil des Sonnenlichtes zerstört.

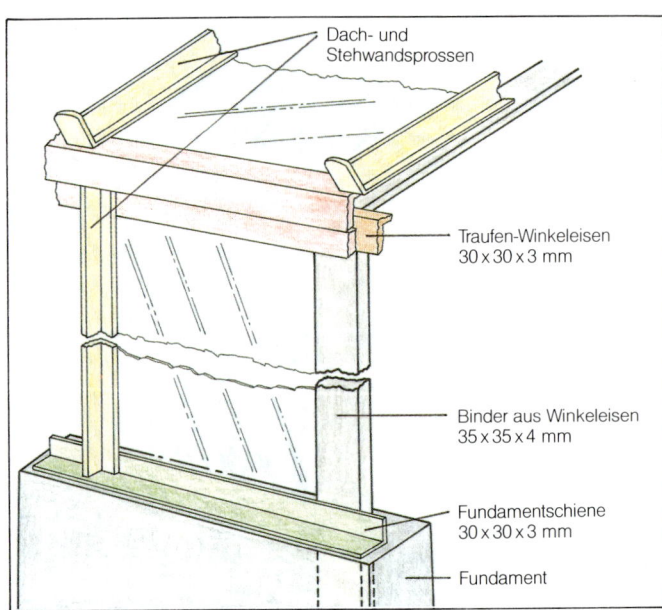

Dach- und Stehwandsprossen

Traufen-Winkeleisen
30 x 30 x 3 mm

Binder aus Winkeleisen
35 x 35 x 4 mm

Fundamentschiene
30 x 30 x 3 mm

Fundament

# Gewächshaus-typen

Der Nutzungswert eines Gewächshauses wird auch vom
Typ bestimmt. Es gibt 4 Grund-
typen ebenerdig gebauter Gewächshäuser, von denen sich
alle anderen ableiten, und das
Erdhaus in mehreren Variationen. Das Kriterium der Haustypen ist die Gestaltung der
Seiten- bzw. Stehwände. Den
Ausgangspunkt für die Entscheidung bildet der Verwendungszweck.

## Ebenerdig gebaute Gewächshäuser

Man sollte sich nicht von vornherein auf eingeschränkte Nutzungsmöglichkeiten (Einzweck-
haus, z.B. Pflanzenanzucht im
Erdhaus) festlegen. Irgendwann
kommt der Wunsch nach mehr
Möglichkeiten und dafür ist das
Mehrzweckhaus mit Seitenwän-
den aus Glas oder Kunststoff
vom Fundament bis zur Traufe
der richtige Typ. Beheizbar rund
ums Jahr, ist es ohne Ein-
schränkung nutzbar. Ungehindert vom Mauerwerk kann das
Licht von allen Seiten hinein. Da
spielt es keine Rolle, ob die
Pflanzen auf Tischen, Hängen
oder unten im Grundbeet, wie
der Gärtner sagt, stehen. Werden die Seitenwände aus
Mauerwerk oder das Funda-
ment bis zu einem Viertel der

**Ungehindert von Mauerwerk kann das Licht von allen Seiten in
das Gewächshaus hinein. Es ist der günstigste Typ, ein Mehrzweckhaus für viele Funktionen.**

**Sind die Seitenwände je zur Hälfte aus Mauerwerk/Beton und
Glas/Kunststoff, ist der Platz unter den Tischen nur für »Treiberei«
(Rhabarber, Chicorée) zu nutzen.**

17

Stehwandhöhe hochgeführt, kann das Tageslicht auch noch unter die Tische gelangen. Unter diesen können u.a. Schnittlauch, Petersilie, Rhabarber wachsen. Auf den Tischen können Jung- und Zierpflanzen angebaut werden, denn das Licht kann ungehindert von allen Seiten einfluten. Ohne Tische können Kohlrabi, Gurken, Tomaten direkt in den Gewächshausboden gepflanzt werden.

Sind die Seitenwände je zur Hälfte aus Glas und aus festem Baumaterial, ist der Raum unter den Tischen kaum nutzbar. Besonders in den lichtarmen Wintermonaten ist es hier dunkel. Lediglich einige Pflanzenarten, die weniger Licht benötigen, wie Chicorée oder Rhabarber sind darunter »anzutreiben«. Auf den Tischen dagegen kann alles kultiviert werden.

Dieser Haustyp hat seine größte Bedeutung als Anzuchthaus. Häuser mit Umfassungswänden aus Mauerwerk oder Beton, oftmals als Fortführung des Fundaments nach oben, sind ungünstig, da die Lichteinstrahlung nur von oben durch das Dach gelangen kann. Begrenztes Licht schränkt den Pflanzenanbau ein. Selbst die Anzucht von Jungpflanzen gestaltet sich nur mit »Oberlicht« schwierig. Gewächse, die diffuse Lichtverhältnisse wünschen, können hier sicher gedeihen, ebenso auch überwinternde Kübelpflanzen. Ansonsten ist diese Art Gewächshaus vom Mehrzweckhaus am weitesten, vom Typ her, entfernt. Das Lichtdefizit

wird durch den vermeintlichen Vorteil von Heizkosteneinsparung keineswegs ausgeglichen.

## Erdhäuser

Aus dem Erdreich ragt nur das Dach mit einer mehr oder weniger hohen Stehwand oder die Fortführung des Fundaments nach oben heraus. In ein Erdhaus gelangt man nach unten über eine Treppe. Eine Überdachung des Einstieges wäre gut.

Sonst kann bei stärkeren Regenfällen das Wasser die Stufen hinunterfließen. Erdhäuser sind in Satteldach- und Pultdachform vorhanden. Die Nutzung ist auf die Pflanzenanzucht und die Pflege nicht hoch wachsender Pflanzenarten beschränkt. Dagegen gedeihen aber auf dem Erdreich entlangrankende Frühbeetgurken. In einer mit Stehwand ausgestatteten Konstruktion können Kopfsalat, Kohlrabi, Radies angebaut werden. Als Überwinterungshaus ist dieser

Typ für viele Gewächse akzeptabel, wenn die Temperatur darin abgestimmt ist. Pelargonien, Fuchsien, Wurzelknollen von Dahlien sind hier ebenso gut aufgehoben, wie die Knollen von Gladiolen und Zwiebeln anderer Gartenbewohner. Die Überwinterung hoher Pflanzen, z.B. Oleander, ist nur schlecht möglich. Es sei denn, man könnte die Tische herausnehmen. Meistens sind jedoch die Wegbegrenzungen gemauert oder aus Beton gefertigt.

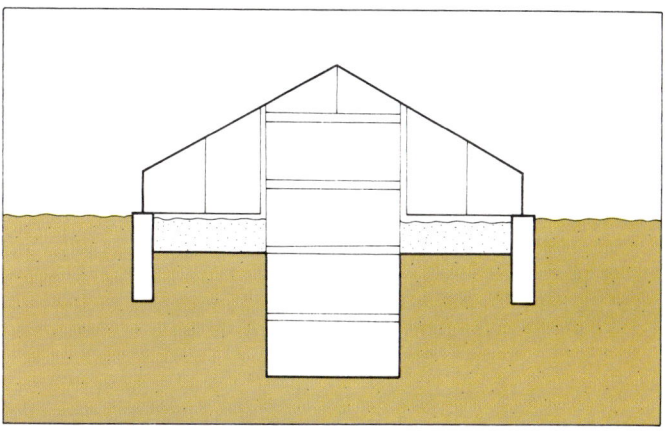

**Oben: Schnittskizze eines Erdhauses mit Stehwand.**

**Links: Gut fügt sich das Erdhaus in den Gartenbereich ein. Treppenbegrenzung mit Palisaden.**

 Grundverkehrt wäre es, das Gewächshaus nach dem Gesichtspunkt – möglichst billig – auszuwählen. Beachten wir auch hier das Preis-Leistungs-Verhältnis. Vergleichsmöglichkeiten bieten Gewächshausausstellungen auf Bundes- und Landesgartenschauen, wie auf Ausstellungen für Gartenfreunde in Nürnberg, Stuttgart, Essen, in zweijährigem Turnus. Auch einige Hersteller bieten praxisgerecht genutzte Typen in firmeneigenen Ausstellungen an, die zumindest einen Vergleich hauseigener Modelle ermöglichen.

# Baumaterial im Vergleich

## Holz

Mit einigem Geschick können bearbeitete Holzteile leicht zu einem Gewächshaus zusammengefügt werden. Holz ist ohnehin ein wichtiger Werkstoff im Garten, für vielerlei Verwendungen. Für den Gewächshausbereich gelten jedoch andere Kriterien als nur das »gut in den Gartenbereich passen«. Tief eindringende Imprägnierflüssigkeiten oder jährlich zu wiederho-

**Dieses Haus ist optisch gut gestaltet, man hat jedoch Lichtverlust durch die stärkeren Holzbauteile.**

lende Anstriche sind notwendig, was schon durch das feuchtwarme Klima im Gewächshaus bedingt ist.

Wertvolle exotische Hölzer brauchten keine Vorbehandlungen. Sie waren sehr haltbar und wurden daher auch industriemäßig für Gewächshäuser verwendet. Jedoch sind exotische Hölzer, Regenwälder und Klimakatastrophen eng miteinander verknüpft. Deshalb gebührt einheimischen Hölzern der Vorzug. Jedoch, die Bauteile aus Holz sind stärker dimensioniert als solche aus Metall. Vor allem im Dachbereich fällt das ins Ge-

Für den Holzschutz am wirksamsten ist das Kesseldruckverfahren, bei dem durch Vakuum die Holzporen geöffnet und dann durch Druck Holzschutzmittel eingepreßt werden. Selbst kann man mit öligen Mitteln oder wasserlöslichen Salzen das Holz imprägnieren (Anstreichen, Tränken). Für deckende Farbanstriche gilt, daß die Holzfeuchte vor der Behandlung nicht über 15% sein soll, optimal sind 10–12%, weil diese Anstriche die Atmung des Holzes weitgehend unterbinden. Für alle Schutzverfahren gilt: nur pflanzenunschädliche Mittel verwenden!

wicht, weil die Konstruktion und die Sprossen eine doch erhebliche Schattenwirkung verursachen. Und das ist im Gewächshaus keineswegs erwünscht und ergibt pflanzenbauliche Nachteile, die sich besonders in der lichtarmen Jahreszeit negativ auswirken.

## Stahl

Gewächshauskonstruktionen aus Metall wirken elegant und filigran. Die weniger starken Profile sorgen für Lichtgewinn. Allerdings ist unbehandeltes Metall vom Pflegeaufwand so wie Holz einzuordnen. Obwohl sich weder Risse noch Spalten bilden, in denen Parasiten und Pilze Unterschlupf finden, ist der nicht minder gefährliche Rost ein schleichendes Übel. Daher sind auch hier Vorbehandlungen des Materials mit Rostschutzfarbe und turnusmäßige Wiederholung des Grund- und Deckanstriches erforderlich. Auch wenn die Arbeit nicht von langer Dauer ist, so muß doch der Pflanzenbestand währenddessen ausgeräumt werden – und das ist umständlich und aufwendig. Vor allem müssen die Gewächse irgendwo untergebracht werden.
Feuerverzinkte Konstruktionen sind daher das bessere Material. Die vorgefertigten Teile werden fabrikationsmäßig in ein auf 460 °C erhitztes Zinkbad getaucht. Dabei wird das flüssige Zink regelrecht aufgelötet und füllt kleinste Hohlräume aus.

**Satteldach-Aluminium-Gewächshaus mit brauner Einbrennlackierung.**

Zink und Stahl gehen eine unlösbare Verbindung ein. Die Lebensdauer ist von der umgebenden Luft abhängig, wobei Industrieluft die Haltbarkeit herabsetzt und es auch zu Rostansätzen kommen kann.

## Aluminium

Gewächshausbauteile aus Aluminium sind leicht, handlich und bequem zu verarbeiten. Das Material rostet nicht und braucht nicht angestrichen zu werden, ist chemisch beständig. Man kann wählen, zumindest zwischen weiß und braun oder Polyesterpulver – elektrostatisch beschichtet und eingebrannt. Bei dieser Eloxierung wird die Farbgebung durch elektrolytische Behandlung der Oberfläche erzielt. Es kann sich keine Deckschicht durch Oxyda-

tion bilden, die im Laufe der Zeit hell oder grau, auch fleckig werden kann. Einige Gewächshaushersteller bieten farbige Konstruktionen an, meist in braunen Farbtönen. Pulverbeschichtete Konstruktionen gibt es in verschiedenen RAL-Farben.
Alu-Sprossenprofile haben den Vorteil der kittlosen Verglasung. Das bietet den Vorzug schneller Reparaturen bei Scheibenbruch, vor allem aber einer energiesparenden Sprossenabdichtung mit lösbaren Abdeckhauben aus Kunststoff. Dadurch wird der Wärmeaustausch durch das Metall (Kältebrücken) weitgehend unterbunden – etwa 6 % Energieeinsparung.

# Gewächshauseindeckungen

## Einfachbedachung

### Glas

Zwei Glasarten stehen zur Auswahl: Gartenblankglas und Gartenklarglas. Beide werden aus den gleichen Grundstoffen hergestellt und sind in ihren physikalischen Eigenschaften nahezu gleich, bis auf die Streuwirkung beim Lichtdurchgang. Gartenblankglas nach DIN 11525 ist gleichbedeutend mit Fensterglas. Es ist ein gezogenes Glas, beidseitig glatt und durchsichtig. Es wird in verschiedenen Stärken gehandelt, von denen für unsere Zwecke zwei in Betracht kommen:

| Gartenblankglas: | | |
|---|---|---|
| Bezeichnung | Stärke in mm | Flächengewicht kg/m$^2$ |
| Mittlere Dicke MD | 2,8 | 6,8– 7,5 |
| Doppelte Dicke DD | 3,8 | 9,0–10,0 |

Gartenklarglas nach DIN 11526 ist nicht durchsichtig, sondern durchscheinend. Es hat eine glatte gewalzte Seite, die andere ist genörpelt. Durch Blankglas gehen die Strahlenbündel gerade hindurch, beim Klarglas wird gestreutes Licht erzeugt. Es wird mit der genörpelten Seite nach innen verlegt. Von Interesse sind zwei Stärken:

| Gartenklarglas: | |
|---|---|
| Stärke in mm | Flächengewicht kg/m$^2$ |
| 3 | 6,8– 8,5 |
| 3,8 | 8,8–10,3 |

Bei senkrechtem Lichteinfall wird bei beiden Glasarten 89–92% des sichtbaren Lichtes durchgelassen. Es gibt diverse Abmessungen, z.B. 48 × 120, 60 × 120 cm, die beim Bau von kleineren Gewächshäusern verwendet werden.
Schmalere Scheiben erfordern mehr Sprossen, was auf Kosten des Lichteinfalles geht. Je nach Konstruktionsmaterial (Holz/Stahl) kann die Lichtintensität bis zu 30% gemindert werden. Daher möglichst geringe Dimensionen verwenden.

**Kittlose Verglasung auf Aluminiumsprosse mit Kunststoffhaube.**

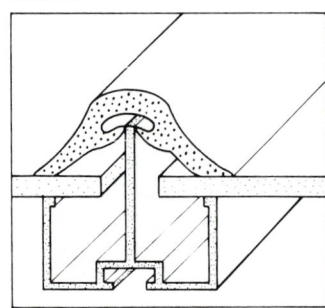

Glas wird auf Stahl- und Holzsprossen mit Kitt befestigt. Er wird als Unterbett auf die Sprossenfalze aufgetragen, darauf werden die Scheiben gelegt und mit einer Deckfase versehen. Kitt ist nur eine Abdichtung und keine Befestigung! Daher werden u.a. Haltestifte durch den Sprossensteg gesteckt und Sturmklammern ver-

wendet. Die Scheiben dürfen nicht fest eingepaßt werden. Sie müssen »Spiel« haben, sonst gibt es Glasbruch.

Kittlose Befestigungen sind bei Aluminiumsprossen eingeführt. Das Einglasen und Auswechseln der Scheiben bei Glasbruch geht rasch vonstatten. Kittlos bietet den Vorteil zusätzlicher Energieeinsparung, weil die Sprossen durch eine Kunststoffhaube abgedeckt werden und die Funktion einer Kältebrücke ausgeschaltet wird. Die Scheiben werden in Kunststoffprofile auf den Sprossen verlegt.

**Schon ein Folienhaus bietet vielfältige Nutzungsmöglichkeiten.**

### Kunststoff

Neben dem Glas hat er vor allem durch Foliengewächshäuser Bedeutung erlangt. Folien sind kein Glasersatz, jedoch eine brauchbare Ergänzung. Manch ein Gewächshausgärtner hat mit einem Folienhaus begonnen und sich später ein Glashaus zugelegt.

Vor allem werden Polyethylenfolien (PE-Folien) verwendet. In der Umweltbilanz haben sie Vorteile gegenüber PVC. Bei PVC entstehen beim Verbrennen giftige organische Stoffe, vor allem Salzsäure.

Die Haltbarkeit wird verlängert, wenn Folien während der Zeit, in der man sie nicht braucht, lichtgeschützt aufbewahrt werden. Das betrifft vor allem Folien für Ernteverfrühungen. Gewächshausfolien brauchen meistens nur alle drei Jahre ausgewechselt zu werden. Je nach Stärke beträgt die Lichtdurchlässigkeit bis ca. 80% des sichtbaren Lichtes.

**Gewächshauseindeckung mit wärmedämmenden Stegdoppelplatten aus Kunststoff.**

Gitterfolie (Gewebegitter), auch Stahlgitterfolien (Folie beiderseits eines Stahlgitters aufkaschiert) halten länger, sind teurer und werden deshalb weniger verwendet. Das Gitter mindert auch den Lichteinfall.

Glasfaserverstärktes Polyester (GFUP), erkenntlich an den eingebetteten Glasfasern, hat eine Lichtdurchlässigkeit von 85–89%, ist stabil, leicht, weitgehend hagelfest (Sternchenbildung), und gut zu verarbeiten. Durch Oberflächenvergütung, eine Beschichtung, auch Versiegelung, wird der flächige Abtrag von Harz durch Sonneneinwirkung verhindert, zumindest verzögert.

Platten aus Polyvinylchlorid (PVC) werden in Stärken um 1 mm für Eindeckungen von

Gewächshäusern verwendet, eignen sich auch recht gut zum Selbstbasteln. Die Lichtdurchlässigkeit liegt im Bereich von 90%. Je nach Stärke wiegt 1 m$^2$ etwa 1,3 kg. Am Markt sind Profilplatten mit kleineren und größeren Wellungen, auch Trapezprofile, die an den Anschlußstellen Traufe und First mit einem entsprechend geformten Kunststoffprofil abgedichtet werden.

## Doppelbedachungen

### Isolierglas

Je mehr die Heizkosten zu Buche schlagen, desto häufiger wird man sich mit dem Gedanken an isolierende Umhüllungen vertraut machen. Freilich lohnt sich dies nur bei beheizten Gewächshäusern und das im Warmhausbereich von +17/18 bis 24/26 °C. Für frostfrei gehaltene und nicht beheizte bzw. Bereiche des Kalthauses mit +5/7 bis 10/12 °C und sogar für den sich daran anschließenden temperierten Bereich ist es kaum lohnend.

Zu bedenken ist, daß Schnee, wenn er nicht abrutschen kann, auf dem isoliereingedeckten Dach unter Umständen liegen bleibt, bei kühlen Innentemperaturen kann er nicht abtauen, und dadurch die Konstruktion belasten. Das trägt außerdem zu einer Lichtminderung bei. Auch bei Gewächshäusern mit Einfacheindeckungen sollte Schnee abgeräumt werden.

**Nachteilig bei Schuppenverglasung: Schmutzansammlung und unerwünschter Luftaustausch an den Stößen. Besser sind durchgehende Scheiben.**

Isolierglasscheiben gibt es in verschiedenen Ausführungen: Am Rande verschweißte mit abgedichtetem Zwischenraum, mit Luft- oder Kohlendioxid gefüllt. Verklebte Isoliergläser bestehen aus 2 Scheiben, die in gewissem Abstand durch spezielle Klebstoffe miteinander verbunden sind.

Bei allen diesen Systemen ist zu bedenken, daß das Glasgewicht das Doppelte der Einfachverglasung ausmacht, also eine Mehrbelastung ist, die eine stabile Konstruktion erfordert. Das industriell gefertigte und für Isolierverglasung eingerichtete Gewächshaus wird diese Stabilität mitbringen. Aber Vorsicht und Hände weg von eigenen Nachrüstungen auf nicht dafür geeigneten Konstruktionen. Für die Wärmedämmung reicht dann eine übergestülpte Noppenfolie.

Nicht in die Reihe der Isoliergläser einzuordnen ist ein normales Blankglas, 4 mm dick, unter der Bezeichnung Agriplus, mit einer auf der Außenseite aufgedampften dünnen Zinnoxid-Schicht. Diese Seite hat ein anderes Wärmeabstrahlungsverhalten und erbringt ca. 22 % Energieeinsparung – aber nur bei trockener Außenhaut. Die beschichtete Seite wird nach außen verlegt. An Regentagen

wird keine Energie gespart, weil die wärmeabgebende Schicht eben nur Wasser ist. Die Einsparmöglichkeit ist also witterungsabhängig.

**Stegdoppel- und Stegdreifachplatten**

Es gibt Stegdoppelplatten, auch Stegdreifachplatten aus unterschiedlichen Werkstoffen und mit verschiedenen Handelsnamen: Ein bekanntes Beispiel ist der Werkstoff Acrylglas (Abkürzung nach DIN 7728 PMMA Polymethylmethacrylat) mit dem Handelsnamen Plexiglas und anderen.

Stegdoppelplatten SDP 16 haben einen Wärmedurchgang von 2,9 W/m$^2$ K (Material), unter Einschluß der Gewächshauskonstruktion 4 W/m$^2$ K. Die

Doppelschaligkeit ist mit 40 % Energieeinsparung zu veranschlagen. Sie wiegen 5 kg/m$^2$ und haben eine Lichtdurchlässigkeit von rund 83 %.

Der bedingt durch die Doppel- bzw. Dreischaligkeit geringere Lichtdurchgang kann durch Verwendung breiterer Platten, z.B. 1,20 m, und Einsparung jeder zweiten Sprosse ausgeglichen werden.

Mit Hohlkammerplatten unterschiedlicher Bezeichnungen, z.B. Lexan, Macrolon, Thermoclear, mit Gewichten von 0,7–5,5 kg/m$^2$ und möglichen Wärmeeinsparungen von 20–35 % werden von Gewächshausherstellern verschiedene Haustypen ausgerüstet. Bei Hagelschäden wird meistens nur die äußere von Mehrschichtenplatten beschädigt. Zwar muß das Material ausgewechselt werden, die Pflanzen darunter bleiben aber unversehrt.

Wie bei den Gewächshäusern im Erwerbsgartenbau können bei Unwettern auch Schäden an Gewächshäusern im Freizeitgartenbereich auftreten. Es ist naheliegend, daß Versicherungsgesellschaften auch diesen Bereich in ihren Versicherungsschutz einbeziehen. Meistens können die Glasscheiben und Kunststoffabdeckungen gegen Hagel- und Sturmschäden, einschließlich Schnee- und Eisdruck, versichert werden.

# Das Innenleben des Gewächshauses

Was wäre das Gewächshaus ohne Inneneinrichtungen? Zum fachgerechten Betreiben und Ausnutzen der pflanzenbaulichen Möglichkeiten gehören mehr als nur glas- oder kunststoffeingedeckte Umhüllungen. Das jedoch ist abhängig von der Art der Nutzung. Zwar ist es durchaus möglich, ohne technische Ausrüstungen Pflanzenanbau zu betreiben – aber eben auf nicht zu breiter Basis, also nur im Gewächshausboden –

und das meistens nur vom Frühjahr bis zum Herbst.
Als erstes sind die Tische zu nennen. Der Gärtner bezeichnet sie auch als Stellagen. Für die Jungpflanzenanzucht und für die Pflege von Topfpflanzen sind sie geradezu unerläßlich. Die Pflanzen stehen näher im Lichtbereich, und außerdem braucht man sich nicht zu bücken. Tische sollten etwa 80–100 cm hoch sein. Niedrigere von 65/70 cm sind beim Tragen von

Kisten nicht störend. Die Tischbreite ergibt sich aus der Gewächshausbreite. Ist das Gewächshaus 3 m breit, werden die Tische beiderseits des 50 cm breiten Weges 1,25 m breit sein.
Tischbeläge aus beidseitig beschichteten Faserzementplatten legt man in Winkelrahmen.

**Unten und rechts: Inneneinrichtung mit vielen Nutzungsmöglichkeiten: Auf dem Tisch Töpfe und Kisten, darunter Gewürzkräuter, im Grundbeet Gemüse und Zierpflanzen und dazu noch Hängeampeln und an der Seite Konsolen.**

Holzbeläge lassen sich schwer sauberhalten und können pilzlichen Erregern Unterschlupf bieten.

Werden Tischumrandungen 10–15 cm hoch ausgeführt, kann man eine Erdschicht aufbringen und u.a. auch Radies und Salat auf den Stellagen anbauen.

Wird überwiegend Gemüse kultiviert, kann im Gewächshaus mit hohen Stehwänden (allseitiger Lichteinfall) auf Tische verzichtet werden.

Hier wird gleich in das Erdbeet (auch Grundbeet) ausgepflanzt und ausgesät. In Folienhäusern wird ohnehin so verfahren, wenn sie nicht zur Pflanzenanzucht benutzt werden. Eine Variante ist, nur auf einer Seite des Gewächshauses einen Tisch einzubauen und die andere als Erdbeet zu belassen.

Hat das Gewächshaus eine Trennwand, um zwei Temperaturbereiche halten zu können, kann der Warmbereich mit Tischen versehen und das andere Abteil zum direkten Pflanzenanbau im Grundbeet benutzt werden.

Tische können auch nachträglich eingebaut werden. Auch die Variante wechselseitiger Nutzung mit herausnehmbaren Tischen ist zu überlegen. Stellt man sie mit den Tischbeinen in herausnehmbare Sockel (Beton), sind sie im Bedarfsfall auch wieder abzubauen, um z.B. Gurken oder Tomaten im Sommer auszupflanzen oder Kübelpflanzen gut über die kalte Jahreszeit zu bringen. Allerdings eignen sich die schweren Betontische nicht für diese Verfahrensweise. Im Bedarfsfall sind sie kaum herauszunehmen.

<u>Hängetische</u> werden an der Dachkonstruktion angebracht und bieten zusätzliche Stellflächen und somit eine bessere Platzausnutzung. Man legt sie in Winkelrahmen mit Glasplatten (bessere Lichtausnutzung in unbesetztem Zustand) oder in Zementfaserplatten. »Hängen« belasten naturgemäß die Gewächshauskonstruktion. Sie an einer leichten Folienkonstruktion zu befestigen, wäre leichtsinnig. Im Zweifelsfall sollte man sich beim Gewächshaushersteller nach der Tragfähigkeit (Statik) erkundigen.

Ein <u>Vermehrungsbeet</u> bringt stets dann Vorteile, wenn Stecklingsanzuchten und/oder Aussaaten getätigt werden. Im

**Stegdoppelplatten-Gewächshaus; rechts sind Konsolen für die Pflanzenanzucht.**

Warmhaus wird es in jedem Fall benötigt, um die ganze Breite der gärtnerischen Möglichkeiten ausschöpfen zu können. Auch in einem temperierten Gewächshaus ist es nicht überflüssig, wenn ein Platz zum Aussäen, Pikieren und zur Unterbringung der Pflanzenanzucht vorhanden ist. Hier können auch anspruchsvolle Pflanzenarten vermehrt werden. Die beste

Möglichkeit ist die von einer Tischseite abgezweigte kleine Fläche, die von einer Warmwasserunterheizung mit Wärme versorgt wird. Damit die Wärme nur nach oben abstrahlt, werden die Seiten mit Hartschaumplatten abgedichtet, und damit sie auch im Vermehrungsbeet bleibt, empfiehlt sich die Abdeckung mit Glas oder Folie, die zum Lüften bedarfsweise angehoben wird. Wo keine Wärmeversorgung von der Zentralheizung des Wohnhauses möglich ist und keine eigene Heizstelle vorhanden ist, läßt sich auch in solchen Fällen mit einer Elektro-Kabelheizung oder einer elektrischen Maschendrahtheizung leicht Abhilfe schaffen.

Je stabiler die Bauweise ist, desto massiver soll auch der <u>Bodenbelag</u> sein. Wird er aus Beton an Ort und Stelle hergestellt, hat man eine dauerhafte Lauffläche. Betonplatten, besonders Waschbeton, wirken optisch gut und sind auch hinsichtlich der Begehbarkeit griffig und ebenso geeignet. Vorsicht mit Glattstrich, der bei feuchter Oberfläche nicht rutschfest ist und leicht zu Unfällen führen kann!
Wege sollen auf einem Kiesunterbau, besser noch auf einer zusätzlichen Magerbetonschicht, verlegt sein. Der Weg wird etwas höher als der Gewächs-

**Ein Vermehrungsbeet, hier mit Heizrohren, ist ideal für Stecklingsanzuchten, Aussaaten und alles, was Unterwärme braucht.**

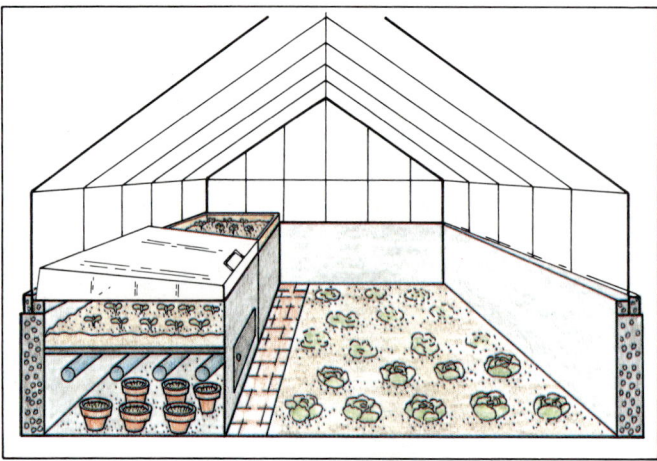

hausboden angelegt, damit er gut sauberzuhalten ist. Kies-und Sandwege sind Provisorien. Diese Materialien werden durch ständiges Begehen zwar verfestigt, jedoch ist die Gefahr der Verschmutzung recht groß und die Reinigung umständlich. Dauerndes Knirschen bei Schritt und Tritt ist aber auch nicht jedermanns Sache. Außerdem ist so ein Weg gegenüber dem umgebenden Gewächshausboden nur mittels Randbegrenzungen erhöht anzulegen. Selbst wenn Schlacke preiswert zu erwerben ist, sollte man sie nicht in die Überlegungen zum Wegebau einbeziehen. Dagegen sind Holzroste durchaus angebracht. Vor allem sind sie mühelos wieder umzusetzen und bei einem Standortwechsel des Gewächshauses (Folienhaus) wieder verwendbar.

Der Arbeitstisch ist eine nützliche Einrichtung in einem Gewächshaus. Wer großzügig gebaut hat, der wird sich von einem Tisch ein Plätzchen zum Aussäen, Pikieren, Ein- und Umtopfen, Stecklinge schneiden abzweigen können. In Gewächshäusern mit einer Heizstelle im Vorraum läßt sich ein Arbeitstisch leicht unterbringen, in anderen vielleicht gleich neben dem Vermehrungsbeet. Findige Gartenpraktiker bauen sich auch bewegliche Tische, die bei Bedarf, den Weg überbrükkend, auf die Ränder der Gewächshaustische aufgelegt werden. Eine gute Idee ist auch ein flexibler Tisch am Ende des Ge-

wächshauses als Abschluß des Weges.

Eine Beleuchtung ist zweckmäßig, damit man auch noch abends und während der Nacht nach dem rechten sehen oder die Pflanzen einem späten Besucher zeigen kann. Daher sollten eine oder mehrere Lampen im Gewächshaus angebracht sein. Es genügen 3–6 W/m$^2$ Gewächshausfläche. Bei einem $3 \times 5$ m großen Haus sind das 45–90 W, also eine 40–100-W-Glühbirne, wobei die Lichtverteilung bei 2 Lichtstellen günstiger ist. Bei Leuchtstoffröhren rechnet man mit 2 W/m$^2$, was in diesem Fall 30 W entspricht. Als kleinste angebotene Leistung installiere man eine 40-W-Leuchtstofflampe der Lichtfarbe »Universal Weiß«.

**Flexibler Holzrost-Wegebelag in einem Gewächshaus.**

Notwendig ist eine Wasserleitung im Gewächshaus. Wer ein Kalthaus im Garten hat, braucht nur eine Sommerleitung, die im Winter außer Betrieb bleibt. Ist sie abgestellt, läßt sich die geringe Wassermenge für Kübelpflanzen und andere Überwinternde leicht mit der Gießkanne von einem frostsicheren Wasseranschuß holen. Eine funktionsfähige Wasserzufuhr ist allerdings für ein temperiertes Gewächshaus und erst recht für ein Warmhaus erforderlich. Keine Frage, daß diese frostsicher angelegt und auch im Winter benutzbar sein muß. Frostfrei heißt, die Leitung mindestens 80–100 cm tief im Erdboden zu verlegen. Steht das Gewächshaus in unmittelbarer Verbindung zum Wohnhaus, ist dieses Problem einfacher zu lösen.

Ein Wassersammelbecken gehört auf jeden Fall dazu. Es sollte sich einrichten lassen, Regenwasser aufzufangen, damit zum Gießen das Trinkwasser nicht verwendet werden muß, denn Wasser wird knapper und teurer. Freilich ist die Menge vom Gewächshausdach gering. Vielleicht wird das Regenwasser vom Wohnhausdach schon in einen unterirdischen Behälter geleitet und das vom Gewächshaus läßt sich nach dort einführen. Mit einer kleinen Pumpe ist der Gießwassertransport ins Gewächshaus kein Problem. Ansonsten stellt man ein Tonne an das Gewächshaus und faßt die Rinne zu einem Zuleitungsrohr zusammen.

# Bewässerung

Wasser hält nicht nur die Pflanzen »in Form«, es löst auch im Boden befindliche Nährstoffe. Je nach Pflanzenart ist der Wasserbedarf unterschiedlich. Im Gewächshaus rechnet man mit 1300–1500 Liter/m$^2$ und Jahr; im Frühbeet mit 800–1000 Liter. Das sind Durchschnittswerte. Während z.B. eine Gurkenpflanze während der ganzen Kulturzeit 600 Liter braucht, kommen Sukkulenten mit 800 Liter pro m$^2$ und Jahr aus. Wird das Gewächshaus auch im Winter geheizt, darf eine Wasserentnahmestelle nicht fehlen. Sie muß frostfrei verlegt werden. Zu empfehlen ist ein Becken unter dem Wasserhahn, für temperiertes Wasser. Ist eine Warmwasserheizung vorhanden, kann ein Rohr durch das Bassin geleitet werden.

## Manuelles Bewässern

Mit der Gießkanne läßt sich das Wasser leicht aus dem Becken schöpfen. Für Aussaaten und Stecklingsanzuchten genügt eine 2-Liter-Kanne mit längerer Tülle und feiner Brause. Für Topfpflanzen und Aussaatkulturen können es 5 bzw. 10 Liter Inhalt sein. Mit dem Schlauch und Gießgerät zu bewässern ist eine weitere Möglichkeit, die nicht so schädlich ist, wie gelegentlich dargestellt wird.

Folienausgekleidete Tische erleichtern die Wasserversorgung. Voraussetzung dafür ist eine ebene Tischfläche, mit ringsherumlaufender Randleiste von 4–5 cm Höhe. Dieses flache Becken wird mit einer kalkfreien Sandschicht, Körnung von 2–3 mm Durchmesser, bis 3 cm hoch angefüllt, nachdem es mit einer 0,10 mm starken PE-Folie ausgekleidet wurde. Der Sand wird glattgestrichen und Töpfe darauf gestellt. Für die gleichmäßige Wasserversorgung müssen alle Töpfe gleichmäßig und gerade in der Sandschicht stehen. Der Sand wird befeuchtet, und die substratgefüllten Töpfe saugen das Wasser in sich auf.

Vorsicht ist geboten bei gleichzeitiger Verwendung von Ton- und Plastiktöpfen. In letzteren wird die Feuchtigkeit wesentlich länger gehalten.

Anstelle von Sand können Bewässerungsmatten auf dem Tisch ausgerollt werden. Sie saugen sich voll Wasser und geben es an die Töpfe und Kisten ab.

Die Wasserzuführung läßt sich mit gelochten Folienschläuchen gut lösen.

Ebenso wie Tische können auch Hänge im Gewächshaus, mit Folie und Bewässerungsmatten ausgekleidet, mit Tröpfelschläuchen bewässert werden. Die Entwicklung auf diesem Gebiet wird öfters Neues hervorbringen. Auch einzelne Pflanzen können »tröpfchenweise« bewässert werden, indem von einem in Tischmitte liegenden Plastikrohr dünne Schläuche zu den Töpfen führen und dort mittels Klammern oder kleinen

**Arbeitstisch, Werkzeug, Pflanzen – was braucht ein Gärtner mehr?**

Gewichten befestigt werden. Im Grundbeet ausgepflanzte Gewächse, vor allem auch Gemüsepflanzen, können ebenfalls mit Tröpfchenschläuchen, auch einzeln, bewässert werden.

Mit ein wenig Bastelgeschick ist auch eine Beregnungsanlage, ein Rohr mit Düsen bestückt, zu bauen. Gut verwendbar bei Auspflanzkulturen, vor allem Gemüse. Wir nehmen verzinkte Rohre oder solche aus Aluminium oder Plastik.

## Automatik

Mittels eines Magnetventils und Feuchtefühlers läßt sich die Wasserzufuhr auf Bewässerungsmatten/Sand sowohl auf den Gewächshaustischen wie auch auf den Hängen automatisieren. Das erspart jegliche Handarbeit und ist überdies genauer zu dosieren. Automatik ist in jedem Fall günstig, damit das Wasser stets bei Bedarf zur Verfügung steht.

Bei der Tröpfchenmethode gelangt das Wasser nur tropfenweise über dünne Schläuche und fast drucklos in die Wurzel-zone der Pflanzen. Die Bewässerungsart spart außerdem bis zu 50% Wasser. Hier können »Fühler« aus quellfähigem Holz oder Ton die Wassermenge regulieren. Da der Regler auf Trockenheit und Feuchtigkeit reagiert, wird stets so viel Wasser zugeführt, wie es die Pflanzen verbraucht haben. Sehr zu empfehlen für Pflanzen, deren Blattwerk nicht naß werden soll.

Über einen Bewässerungscomputer läßt sich außerdem der ganze Gießvorgang automatisieren. Dazu gehört ein Feuchtefühler. Automatiksysteme mit einem Tensioschalter arbeiten zuverlässig. Der Fühler wird in den Wurzelbereich der Pflanze gesteckt. Zu einer solchen Anlage gehören außerdem: Steuergerät, Magnetventil, Kupplung mit Druckminderer für den Anschluß an den Wasserhahn, Zuführungsschlauch, Tropfschlauch (-schläuche). Mit so einer technisch und preislich oben angesiedelten Anlage sind aber auch »aufsichtslose« Tage im Gewächshaus zu überbrücken. Mittels Magnetventil, Feuchtefühler und Steuergerät ist auch eine selbstgebaute Beregnungsanlage automatisierbar.

Sind Sie noch »neu« in der Zunft der Gewächshausgärtner und wollen Pflanzen unbeschadet durch den Winter bringen, dann sollten Sie einige Grundregeln der Pflanzenpflege beherzigen. Die Lebensbedingungen müssen der lichtarmen Jahreszeit angepaßt werden. Das betrifft auch die Wassergaben, die nur bei Bedarf entsprechend den Bedürfnissen der Gewächse, vorsichtig dosiert, verabreicht werden dürfen. Pflanzenteile zu benetzen, kann in dieser Zeit, in der die Blätter kaum noch abtrocknen können, für die Pflanzen Gefahren – durch Fäulnis – heraufbeschwören. Schließlich wachsen die Pflanzen nicht mehr so üppig wie in den lichtreichen Sommermonaten.

# Heizungsanschluß

Am günstigsten ist der Anschluß des Gewächshauses an die Zentralheizung des Wohnhauses. Problemlos ist die direkte Verbindung als Pulthaus oder mit einer Giebelseite des Satteldaches angefügt. Räumliche Entfernungen sind über einen Heizkanal und isolierte Vor- und Rückläufe zu überbrücken.

# Verschiedene Heizungssysteme

## Warmwasserheizung

Hier fließt erwärmtes Wasser durch Metallrohre. Die Erwärmung des Rohrinhaltes erfolgt im Heizkessel. In Gewächshäusern mit fest eingebauten Tischen kann ein Teil der Rohre darunter angeordnet sein (Unterwärme). Sonst verlegt man die Heizrohre entlang der Stehwände und bei hohen Häusern eventuell in der Mitte der Dachseiten. Die Anordnung richtet sich weiterhin nach der Innenausstattung. Heizrohre dürfen nicht so verlegt werden, daß Pflanzen durch Verbrennungen geschädigt werden.
An den höchsten Stellen des Rohrgefüges ist das Ausdeh-

nungsgefäß angebracht. Es ist notwendig, um das durch die Erwärmung größere Wasservolumen aufzunehmen.
Der Wasserumlauf nach dem Schwerkraftprinzip erfordert ein leichtes Rohrgefälle von ca. 10 mm/m Rohr. Vorteilhafter ist eine Umwälzpumpe. Dann

erübrigt sich diese Neigung. Eine Warmwasserheizung garantiert gleichmäßige Erwärmung des gesamten Kulturraumes. Sie ist sicher und zuverlässig. Trotzdem hat sie eine Trägheit. Es dauert geraume Zeit, bis sich das Wasser im Kessel erwärmt und durch die Rohre zirkuliert. Umgekehrt wird noch längere Zeit Wärme abgestrahlt, auch wenn die Heizung abgestellt ist.

## Elektroheizungen

Sie sind zur Beheizung in den Übergangsmonaten geeignet. Man kann sie leicht selbst verlegen und anschließen. Elektroheizungen erfordern keine Brennstoffbevorratung, sind unabhängig von einem Schornstein und können überall angebracht werden. Der Strompreis schränkt die Anwendungsmöglichkeiten ein, soweit es sich um

**Oben: Elektrotherm-Umluftheizung; stufenlos automatische Regelung.**

**Links: Wohnliche Wintergarten-Atmosphäre im Gewächshaus.**

**Unten: Elektro-Rippenrohr-Heizkörper zur Übergangsbeheizung.**

eine ausschließliche Beheizung handelt. Die Heizungen haben automatisch arbeitende Temperaturregler, die die Raumtemperatur konstant auf dem eingestellten Wert halten.

Zur elektrischen Gewächshausbeheizung sind Rohrheizkörper sowie Rippenrohrheizkörper gebräuchlich. Zum Frostfreihalten sind auch Frostwächter, wie sie z.B. für frostgefährdete Stellen (Wasserleitungen) verwendet werden, akzeptabel. Thermostatisch auf eine bestimmte Temperatur eingestellt (z.B. +5 °C), schaltet sich das Gerät bei Unterschreiten dieser Temperatur ein, bis die Innentemperatur wieder +5 °C erreicht ist.

## Lufterhitzer, Gebläse

werden mit Öl und Strom, auch Gas oder nur mit Strom betrieben. Der eingebaute Ventilator verteilt die Luftmenge (strom-

abhängig). Installierte Thermostate lassen die Wärme auf dem gewünschten Temperaturwert halten.

## Gasheizer

Außer speziell für Propan- oder Butangas sind auch sogenannte Allgasheizungen am Markt, die, außer den angegebenen auch mit Erdgas betrieben werden können. Hier kann zunächst mit Flüssiggas und später, wenn das Wohnhaus an das Erdgasnetz angeschlossen ist, eine Leitung in das Gewächshaus geführt werden. Die Verbrennungsluft wird von außen angesaugt und auch wieder nach außen abgegeben. Elektronische Zündung und Flammenüberwachung, thermostatgeführte Innentemperatur gehören dazu. Vorteilhaft für den Außenbereich: stromlos arbeitende Geräte mittels Mignonbatterien. Mit 12,70 kWh/kg (11 000 kcal/kg) hat Flüssiggas eine hohe Heizleistung. Geräte, die die Verbrennungsluft von außen ansaugen und die Abgase wieder nach außen abgeben, durch einen Kamin, sind wie Feuerlufterhitzer oder Ölöfen zu betreiben. Sie gelten als schornsteingebundene Geräte.
Außenwand-Gasheizer brauchen keinen Kamin. Die verbrauchten Gase werden direkt durch die Außenwand ins Freie geschickt. Gelagert wird Flüssiggas in ortsfesten Behältern und für geringen Bedarf in Gasflaschen. Dafür gibt es Regeln und behördliche Auflagen.

# Raumheizung

Die Raumheizung erwärmt den Gewächshausraum. In Betracht kommen: Warmwasserheizung, elektrische Heizungen, durch Stromkosten nur bedingte Bedeutung, Lufterhitzer und Heizgebläse, die durch Strom, Gas oder nur durch Strom Wärme erzeugen, die durch einen Ventilator in den Gewächshausraum geblasen wird. Weitere Geräte zur Beheizung des Gewächshauses sind u.a.

## Ölofen

Mit Hilfe eines zusätzlichen Ventilators über dem Ofen läßt sich auch eine gute Umwälzung und Verteilung erzielen. Als Kamin genügt ein aus dem Dach führendes Blechrohr. Kohleöfen, z. B. Brikettöfen, sollen nur der Vollständigkeit halber genannt sein. Eine optimale Lösung stellen sie nicht dar, vor allem auch hinsichtlich der Umweltbelastung.

**Propangasbetriebene Heizgeräte sind sparsam im Verbrauch, benötigen keinen Schornstein und sind thermostatisch regelbar.**

## Infrarot-Heizung

Sie ist ohne feste Installation zu betreiben. Außer dem Anschluß an die Steckdose bietet sich Flüssiggas an (für Gewächshäuser ohne Stromanschluß). Hierbei wird eine sehr direkte und trockene Wärme erzeugt, denn Infrarot ist mehr eine Heizbestrahlung. Es werden nur die Gegenstände erwärmt, die von der Strahlung erfaßt werden. Diese nicht direkt auf die Pflanzen, sondern auf eine Wand oder den Boden richten! Von dort wird dann die Wärme an die Luft abgegeben. Am besten geeignet zum Frostfreihalten in Übergangsperioden, nicht als Dauerheizung.

Es können auch Erfahrungen von Gewächshausgärtnern weitergegeben werden, die mit kleinen Petroleumöfen und Petroleumlampen Gewächshäuser frostfrei halten. Auch Talglichter (Teelichter) werden aufgestellt und Blumentöpfe darüber gestülpt, um durch die »Kachelofenwirkung« den Raum frostfrei zu halten. Das mag im Frühjahr angehen, wenn wir im Gewächshaus ohne Heizungsanlage einige Tage früher mit dem Gärtnern beginnen. Gleiches gilt auch für den Herbst zur Verlängerung der Gartensaison. In erster Linie handelt es sich hierbei um eine behelfsmäßige Heizung, die Minustemperaturen verhütet und den Raum nur leicht erwärmen soll, auch in Verbindung mit über die Pflanzen gelegten Folien und Vliese.

# Bodenheizung

Mit dieser wird der Effekt warmer Fuß, kühler Kopf erreicht. Eine Erkenntnis, die Gärtner sehr zu schätzen wissen. Als Zusatzheizung im Vermehrungsbeet fördert die Wärme die Bewurzelung und Keimung der Saaten. Auch hier kann man sich der Warmwasserheizung bedienen, z.B. durch eine Heizschlange, von den Raumheizungsrohren abgezweigt und mit einem Absperrventil versehen.

Vor allem Kunststoffrohre aus Polyethylen (PE) werden für Vermehrungsbeete und Tischflächen verwendet. Gärtner legen sie 25 cm tief und in einem gleichen seitlichen Abstand voneinander in den Gewächshausboden. Das Wasser sollte nur etwa 10 °C wärmer als die gewünschte Bodentemperatur

sein. Bodenheizungen betreibt man mit 40/50 °C.

Bei elektrischer Bodenerwärmung gibt es vornehmlich zwei Systeme: Heizkabel, etwa 20 cm tief und 30 cm auseinandergelegt, zur Erwärmung von Vermehrungsbeeten. Die plastiküberzogenen Kabel haben 30–40 °C Oberflächentemperatur und werden direkt an die Steckdose angeschlossen. Ein ins Erdreich gesteckter Fühler hält die Bodentemperatur auf dem eingestellten Wert. Die Maschendrahtheizung, mit etwa 5 V Heizspannung über einen Trafo betrieben, wird in den Boden eingelegt und bis 15 cm mit Erde bedeckt. Durchwurzeln schadet nicht. Als Faustformel rechnet man mit 7 W/m$^2$, um die Bodentemperatur um 1 °C/ m$^2$ zu erhöhen.

**Für Bodenheizung, hier mit Kunststoffrohren (warmwasserbeheizt) gilt, daß die Wassertemperatur etwa 10 °C wärmer, als die gewünschte Bodentemperatur sein soll.**

# Vegetations-
# heizung

Viel wirkungsvoller als die Bodenheizung ist die Vegetationsheizung. Man versteht darunter die Wärmeübertragung von direkt im Pflanzenbestand verlegten Kunststoffrohren, durch die ca. 50 °C warmes Wasser fließt. Die Wärme wird besser genutzt und Energie gespart. Unter optimalen Verhältnissen werden im Vergleich zur Raumheizung bis 30% Heizkosten eingespart. Die Wärme wirkt direkt auf die Pflanzen, beeinflußt das Kleinklima (Feuchteabfuhr, Bodenerwärmung, Lufterneuerung durch die aufsteigende warme Luft, rasches Abtrocknen der Pflanzen nach dem Gießen). Verlegen Sie die Rohre so, daß jede Pflanzenreihe im Grund-

**Vegetationsheizungsrohre geben die durchfließende Wasser-Wärme an die Pflanzen ab.**

beet oder auf den Tischen von einer Seite Wärme bekommt. Gut verleg- und biegbar sind PE-Rohre »weich«. Die lineare Wärmeausdehnung beträgt 0,23 mm/m °C. Ein 10 m langes Rohr dehnt sich bei 40 °C Erwärmung also um $10 \times 40 \times 0,23 = 9,2$ cm. Das ist beim Verlegen zu beachten. In der Wärmeabgabe besser als glatte sind gerippte

**BETA-Solar-Schläuche aus Kunststoff. Sie geben die tagsüber gespeicherte Wärme nachts an Boden und Pflanzen ab.**

besten noch eine thermostatische Absicherung und vor allem für den Vor- und Rücklauf je ein Thermometer. Hierbei soll die Differenz nicht größer als 3–5 °C sein. Wer sich so eine Heizung zulegen möchte, sollte den Rat eines Heizungsfachmannes einholen, wobei es ratsam ist, vom Heizkessel eine Extrazuleitung zu verlegen. Rohre, wegen ihrer größeren Oberfläche und Flexibilität. Für warmwasserbetriebene Boden- und Vegetationsheizungen (PE-Rohre) werden benötigt, damit die Temperatur eingehalten wird: ein Dreiwegemischer und eine Pumpe, die bei dem engen Rohrdurchmesser von 20 mm das Heizwasser umwälzt, am

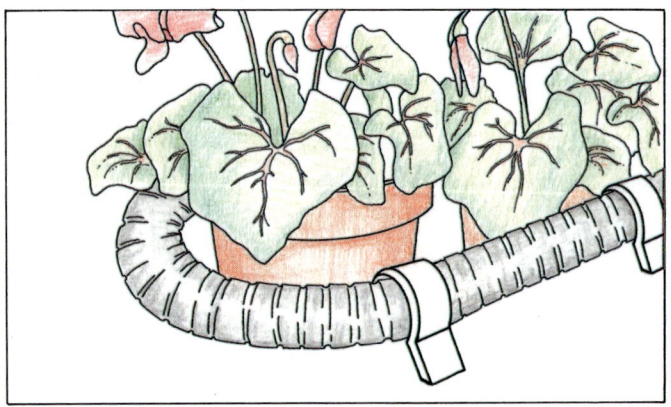

# Rund um das Heizen

## Wärmeverbrauch

Der Verbrauch an Energie richtet sich außer nach der Bauform, Bauweise, Typ, nach der Erwärmbarkeit. Ein Warmhaus benötigt eine leistungsfähigere Heizung als ein temperiertes oder ein Kalthaus. Das wird deutlich, wenn im Warmhaus nachts +17/18 °C und tagsüber +24/26 °C gehalten werden sollen und das frostfrei zu haltende Überwinterungshaus am Tage und in der Nacht nur ab 0 °C bis +5 °C braucht.

Wenn die Außentemperatur niedriger ist, als die Innentemperatur im Gewächshaus, dann ergibt sich ein Wärmeverlust. Die Wärme strömt von innen durch die Umhüllung (Glas-, Kunststoffeindeckung mit Konstruktion, Undichtigkeiten) nach außen. Dieser Wärmeverlust muß in gleicher Menge durch das Heizsystem ersetzt werden. Er ist von verschiedenen Faktoren abhängig: von der Differenz zwischen Gewächshausinnen- und der umgebenden Außentemperatur. Dabei haben Wind, Regen, Schnee, Sonnenschein, Bewölkung einen Einfluß. Für die Dimensionierung der Heizungsleistung ist der maximale Wärmebedarf, der sich bei der größtmöglichen Temperaturdifferenz ergibt, ein Faktor zur Berechnung. Weiterhin wird die umgebende Hüllfläche für die Berechnung benötigt.

Ein wichtiger Faktor ist der K-Wert. »K« ist die Wärmedurchgangszahl, die sich auf die Wärmemenge (gemessen in Watt) bezieht, die bei einem Temperaturunterschied von 1 °C zwischen drinnen und draußen in einer Stunde durch 1 m$^2$ des jeweiligen Baumaterials nach außen entweicht. Je niedriger der »K-Wert« ist, desto besser schützt das Material vor Wärmeverlusten. Er wird in W/m$^2$K (Watt durch Quadratmeter mal Kelvin) gemessen. Beispiel: Eine Glasscheibe Einfachglas, 3 mm stark, hat einen K-Wert von 5,8 W/m$^2$K (»Kelvin« entspricht »Grad Celsius«). Nach der alten Einheit wäre der K-Wert: 5,0 kcal/m$^2$ h °C. Dagegen hat eine Plexiglas-Stegdoppelplatte SDP 16 (16 mm stark) den K-Wert 2,9 W/m$^2$K. Also halb so viel Wärmeverluste.

Undichtigkeiten (Luftklappen, Türen), Kältebrücken der Konstruktionsteile, Witterungsbedingungen usw., sind kaum zu berechnen. Das alles wird mit der K' (K-Strich) ausgedrückt. Für den Wärmeverbrauch und somit Heizungsbedarf werden vereinfacht ausgedrückt die Hüllfläche in m$^2$ mit der Temperaturdifferenz zwischen dem Hausinneren und der Außentemperatur und dem K-Wert multipliziert.

In der Graphik ein Beispiel: Für das Gewächshaus wird unter Zugrundelegung von +15 °C Innentemperatur und –15 °C Außentemperatur 9,5 kWh benötigt. Zu empfehlen ist ein Wärmeerzeuger im Leistungsbereich von 11,6 kW.

**Mit 42 m$^2$ »Hüllfläche« (Summe der umgebenden Glas-/Kunststofffläche) × 7,5 (k-Wert) × 30 °C Temperaturdifferenz hat dieses Gewächshaus einen Energiebedarf von 9,5 kWh.**

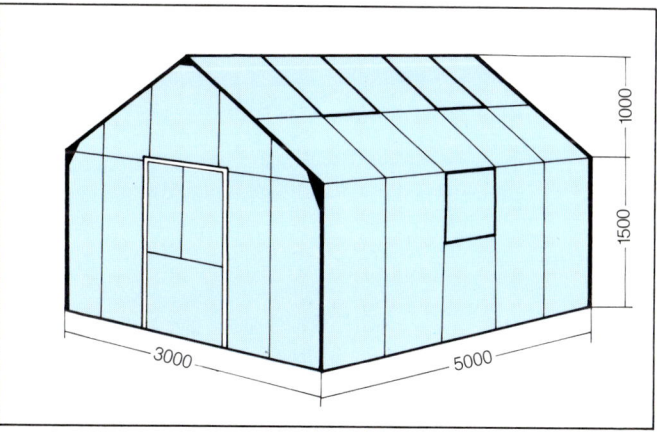

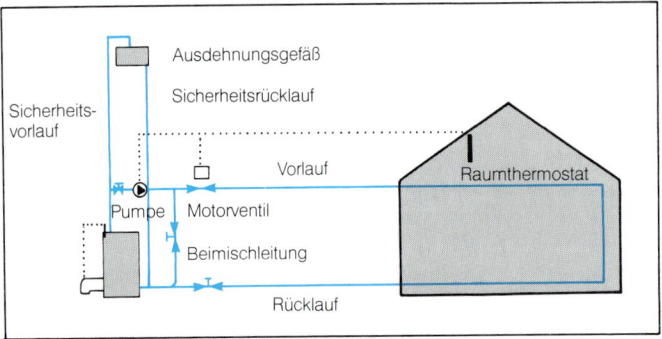

Ausdehnungsgefäß

Sicherheitsrücklauf

Sicherheits-
vorlauf

Vorlauf

Raumthermostat

Pumpe    Motorventil

Beimischleitung

Rücklauf

**Schema einer Heizungsrege-
lung: Ölbeheizter Heizkessel mit
Heizungspumpe, Motorventil;
Vor- und Rücklauf, Sicherheits-
vorlauf und -rücklauf, Ausdehnungsgefäß.**

## Heizstelle

Die Einrichtung einer Heizstelle
mit einem Kessel kommt in vielen Fällen, wegen des finanziel-
len Aufwandes, kaum in Betracht. Ist dies jedoch zweckmäßig, soll der Kessel in einem
Vorraum und etwas vertieft stehen. Dieser Raum könnte mit
einem Arbeitstisch ausgestattet
sein. Bei der Einrichtung einer
Warmwasserheizung für das
Kleingewächshaus sichert man
sich am besten den Rat einer
Heizungsfirma, die auch die Installation vornimmt. Firmen mit
langjährigen Erfahrungen auf
diesem Sektor garantieren auch
für ein störungsfreies Funktio-
nieren der Anlage.
Der in der Anschaffung und Un-
terhaltung billigere Ölofen oder
ein Gasheizgerät werden die
am meisten verwendeten Wär-
melieferanten sein. Als beste
Lösung gilt jedoch der Anschluß
an das Rohrsystem des Wohnhauses. Natürlich muß die Heizleistung des Kessels, entsprechend dem Wärmebedarf des
Gewächshauses, höher ange-

setzt werden. Der Gewächs-
hauskreislauf sollte aber vom
Wohnungskreislauf getrennt
regelbar sein.

**Maxima-Minima-Thermometer;
es zeigt die tiefste Nacht-
temperatur am nächsten
Morgen an, und die höchste
Tagestemperatur ist am späten
Abend abzulesen.**

## Warnanlage

Sie meldet eine plötzliche Stö-
rung des Heizsystems durch
akustische Zeichen. Warnanla-
gen müssen netzunabhängig,
d.h. mit Batterie arbeiten, um
eine Meldung auch bei Strom-
ausfall zu ermöglichen.

## Thermometer

Wärme muß man messen kön-
nen. Wer mehrere Thermometer hat, wird feststellen können,
wenn er sie in verschiedenen
Höhen aufhängt, daß es am Boden, wo häufig die meiste Wärme benötigt wird, nämlich im
Pflanzenbestand, um einige
Grade kühler ist, da die Wärme
nach oben steigt. Daher ist eine
Vegetations- oder Bodenheizung wirkungsvoll. Für die Tem-
peraturmessung im Erdbereich
ist ein Bodenthermometer nötig. Das ist wichtig, um in Steck-
lingsvermehrungen, Aussaat-
schalen und im Erdreich die
Temperatur kontrollieren zu
können. Man wird auch feststellen, daß der Boden im Herbst
bis zum Frühjahr in der Mitte
des Gewächshauses wärmer als
an den Seiten ist, wenn das Gewächshaus nicht auf einem soli-
den Fundament steht, das, am
besten wärmegedämmt, allsei-

tige Kälteeinflüsse abhält. Mit normalen Thermometern kann man feststellen, ob zum Zeitpunkt der Ablesung die gewünschte Temperatur herrscht. Daher sollte man ein Maxima-Minima-Thermometer anschaffen. Hier können wir die tiefste Nachttemperatur am nächsten Morgen und die höchste Tagestemperatur am späten Abend ablesen.

Eine 3 mm starke Rußschicht erhöht den Heizenergieverbrauch bei einer Heizung um 25 %. Deshalb soll der Heizkessel öfter gereinigt werden. Eine »saubere« Heizungsanlage bietet am ehesten Gewähr für störungsfreien Betrieb. Zum Verbrennen sind ca. 13,5 m³ Frischluft je kg Heizöl erforderlich. Ist das nicht gewährleistet, wird der Wirkungsgrad der Heizung negativ beeinflußt.
Einen Kundendienstvertrag abzuschließen und die Telefonnummer der Firma parat zu haben, ist wichtig. Oftmals sind harmlose Störungen allerdings auch selbst zu beheben.

## Wichtig: Energiesparen

Um den Wärmeverbrauch (Heizkosten) niedrig zu halten, darf es im und am Gewächshaus keine Energieverluststellen geben. Auch Vor- und Rücklauf zur Warmwasserrohrheizung müssen isoliert sein. So gibt ein Rohr mit 57 mm Durchmesser pro Stunde und Meter so viel Wärme ab, wie zum Beheizen eines halben Quadratmeters Gewächshausfläche des temperierten Bereiches im gleichen Zeitraum benötigt wird. Daher gut isolieren, mindestens 30 mm, z.B. mit Rohrschalen aus Kunststoff. Eine Faustzahl besagt: Dämmstoffstärke soll gleich Rohrdurchmesser sein. Schließlich sind die Materialkosten für eine stärkere Dämmschicht nur wenig höher und der Arbeitsaufwand ist der gleiche. Die regelmäßige Reinigung des Heizkessels spart im Jahresdurchschnitt 10–15 % Heizkosten. Die Maßnahmen zur Wärmedämmung umfassen viele Möglichkeiten, wobei die Kombination verschiedener Verfahren bessere Erfolge verspricht. Wer eine Schattierung im Gewächshaus hat und diese nachts zuzieht, erreicht eine Energieeinsparung von etwa 20 %. Spezielle Energieschirme bringen 35 %. Styroporplatten, 4–5 cm stark, an der Nordseite (Giebelseite) angebracht, sind eine große »Energiehilfe«, denn 40–50 % Wärmekosteneinsparung sind möglich. Stehwände können, soweit sie aus pflanzenbaulichen Gründen nicht lichtdurchlässig sein müssen, mit Styroporplatten ausgekleidet werden, bis etwa zur Höhe

**Bei der kittlosen Verglasung ist die Aluminiumsprosse mit einer Kunststoffhaube abgedeckt.**

der Tische. In die Energiesparüberlegungen wollen wir auch das Fundament einschließen. Günstiger als Styropor- sind Styrofoamplatten (Baustoffhandel) bzw. Styrodurplatten aus Polystyrol-Hartschaum, bei denen es hinsichtlich der Feuchtigkeit keine Probleme gibt. Sie haben eine geschlossenzellige Struktur mit verdichteter glatter Oberfläche und können deshalb kein Wasser aufnehmen. Dichtes Aneinanderfügen ist durch Platten mit Nut und Feder möglich. Der Wärmedämmwert ist gut.

Bis zu 10% Heizenergie läßt sich einsparen, wenn man die den Glasaußenflächen zugewandten Heizrohre mit Aluminiumbronze streicht oder Aluminiumklebefoliestreifen aufklebt, weil die Wärmeabstrahlung an diesen Stellen gemindert wird. Um eine ausreichende Wärmeabgabe in das Gewächshaus zu gewährleisten, sollten die nach innen gerichteten Heizrohrflächen mit weißem Heizkörperlack gestrichen werden.
Auch das Überdecken von Stahlsprossen mit speziellen Klebebändern verringert den Wärmedurchlaß von innen nach außen, Energieeinsparung rund 6%.
Dach- und Stehwände verursachen die größten Wärmeverluste. Obwohl Glas ein guter Wärmeisolator ist, gehen doch durch 1 m$^2$ Glasfläche einschließlich der Konstruktion in einer Stunde bei einer Temperaturdifferenz von 1°C zwischen Außen- und Innentemperatur etwa 7,5 W/m$^2$ K verloren. Das betrifft einfache Eindeckungen. Man spricht hier vom schon erwähnten K-Wert (Wärmedurchgangskoeffizienten).
Isolierglas gehört zu den »festen« Installationen und ist ein Doppelglas, das um 35–40% Einsparung erbringt, aller-

**Bei Luftpolster- oder Noppenfolie ist die Relation der Kosten zur Wirkung der 30%igen Energieeinsparung günstig. Wichtig: lückenlose Anbringung.**

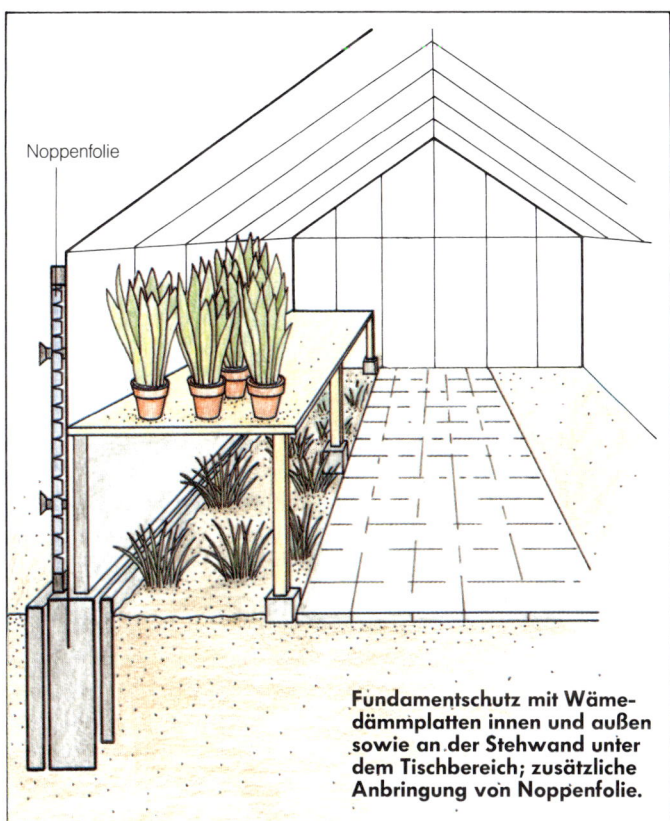

Noppenfolie

**Fundamentschutz mit Wärme-
dämmplatten innen und außen
sowie an der Stehwand unter
dem Tischbereich; zusätzliche
Anbringung von Noppenfolie.**

auch durch kondensiertes Wasser an den Innenseiten der Eindeckungsfläche, die materialbedingt mit 10–15% anzusetzen ist. Durch Isolierverglasung ist die Dachinnenflächentemperatur und somit auch die Luftfeuchte höher als bei Einfachverglasung. Ein gut isoliertes Gewächshaus ist sehr dicht, dadurch ist der Luftwechsel bedeutend geringer. Der Luftfeuchtigkeitsgehalt ist um ca. 10% höher, besonders nachts, was Probleme mit Pilzkrankheiten bringen könnte. In der Kulturführung hinsichtlich gezielter Wasserdarbietungen, z.B. mit wassersparender Tröpfchenbewässerung, läßt sich hierbei einiges ausgleichen.

Es ist nicht so, daß nur einige dieser Maßnahmen in die Tat umzusetzen sind, um schon 100% oder gar mehr zu erreichen, und die Heizung wäre gar überflüssig. Weit gefehlt! Man muß jeweils von dem erzielten Einsparungsergebnis wiederum den Einsparungssatz der nächsten Maßnahme abziehen.
Beispiel: Nach einer Wärmedämm-Maßnahme, die 25% Einsparung bringt, benötigt man nur noch 75% Energieeinsatz. Die zweite Maßnahme erbringt beispielsweise 6%, was jedoch letztlich 6% von 75% = 4,5% sind; also 70,5% Energieaufwand, nicht nur noch 69%!

dings durch das doppelte Gewicht mit rund 14 kg/m$^2$ einer Einfachverglasung, das eine stabile Gewächshauskonstruktion erfordert.
Wer sich ein Gewächshaus kauft, möge sich erkundigen, ob alternativ Isolierverglasung möglich ist (Stabilität der Konstruktion). Hohlkammerplatten aus Polycarbonat oder Plexiglas können auch als zusätzliche Stehwandisolierung bei einfach verglasten Gewächshäusern während der Heizperiode mit Spezialaufstecksprossen oder

Befestigungsnocken aufgesetzt werden.
Günstiger als glatte Heizrohre sind Konvektoren, die eine größere wärmeabgebende Oberfläche haben.
Luftpolsterfolie bekommen wir in verschiedenen Breiten und Längen. Vom Dämmeffekt am besten: dreischichtig und noppig (30 mm Durchmesser), UV-stabil und außen befestigt halten sie rund drei Jahre.
Außer den Vorteilen der Wärmedämmung gibt es auch einige Nachteile: Lichtminderung,

# Gewächshausklima natürlich und technisch

Der Lebensraum der Pflanzen im Gewächshaus ist ein anderer als draußen im Garten. Gewächshauspflanzen bekommen auf natürliche Weise kein Wasser. Im reichlichen Maße dagegen ist im Sommer Wärme vorhanden, die im Winter künstlich zugeführt werden muß. Auch das natürliche Lichtangebot ist unterschiedlich. Optimales Wachstum der Pflanzen wird dann erreicht, wenn die Faktoren Licht, Luft und Wärme sowie Feuchtigkeit im ausgewogenen Verhältnis zueinander stehen.

# Licht

Nur bei ausreichender Lichtintensität können die Pflanzen aus anorganischen Stoffen organische Substanzen bilden (Photosynthese). Ausreichendes Lichtangebot läßt gesunde und kräftige Pflanzen heranwachsen und wirkt sich positiv auf die Blütenbildung aus. Wenig Licht, noch in Verbindung mit überreicher Wärme, ergibt lange, schwächliche und krankheitsan-

**Schattiereinrichtungen können, nachts zugezogen, auch Energie sparen helfen.**

fällige Pflanzen. Allerdings ist zu unterscheiden zwischen Gewächsen, die diffuse Lichtverhältnisse brauchen (Pflanzen des tropischen Bereichs), und solchen, denen auch direkte Sonneneinwirkung (Kakteen, Sukkulenten) nichts anhaben kann.

## Natürliche Einstrahlung und Lichtschutz

Weil die natürliche Einstrahlung des Sonnenlichtes für ein Pflanzenwachstum so wichtig ist, ist auch die Auswahl des Platzes so bedeutungsvoll. Ein Standort unter leichtem Schatten von

Bäumen und Gebäuden ist sicher für manche Pflanzengattungen vorteilhaft. Andere werden sich unter diesen Bedingungen nicht voll entfalten können. In den meisten Fällen wird man wenig Auswahlmöglichkeiten durch vorgegebene Grundstücksgrenzen, umliegende Bebauungen, Wohnhausstandort haben, zumal auch noch Heizungs- und Wasseranschluß optimal zu lösen sind. Natürliches Licht steht vom Frühjahr bis zum Herbst zur Verfügung. Oftmals mehr als uns lieb ist, denn viel Sonneneinstrahlung bedeutet auch reichliche Wärmeentwicklung. Hier müssen wir häufig eingreifen und mit Schattiermaterial die Wirkung sengender Sonneneinstrahlung mildern. Das sind Gewebebahnen, die unterhalb des Gewächshausdaches angebracht und »zugezogen« werden. Manche lassen sich nachts schließen und als Energieschirme (Heizkosteneinsparung) verwenden.

Die Pflanzen brauchen in der lichtarmen Jahreszeit so viel Sonne wie möglich. Verschmutzte Dächer und Stehwände beeinträchtigen die Lichtdurchlässigkeit ganz erheblich. Halten Sie die Scheiben aus Glas oder anderem Material stets blitzblank sauber. Dabei werden auch gleich zerbrochene Scheiben ausgewechselt und Undichtigkeiten beseitigt.

Durch eine Schattierung wird die Wirkung der Sonnen-Strahlung abgeschwächt und gleichzeitig die Wärmewirkung gemildert. Es gibt sie als Innen- und als Außenschattierungen. Letztere sind technisch aufwendiger und teurer, halten aber die Einstrahlung schon vor dem Dach ab.

Farbaufträge mit Schattierfarbe sind die preisgünstigste Lösung. Allerdings ist es Dauerschatten, der bei trübem Wetter eben außerdem lichthemmend wirkt. Mischungen aus Wasser und Weizenmehl haben den Vorteil, bei Regenwetter durchsichtig zu wirken, was den Lichtdurchlaß nicht gar so beschränkt.

In den lichtarmen Wintermonaten dagegen ist das Licht der begrenzende Wachstumsfaktor. Mittels einer Zusatzbelichtung läßt sich dieser Mangel beheben.

**Außenschattierung, technisch aufwendig, aber wirkungsvoll.**

# Zusatzbelichtung

Der natürliche Lichtlieferant Sonne »arbeitet« im Winter mit eingeschränkter Leistung. Das bedeutet, Pflanzen haben im Gewächshaus oftmals keine optimalen Lichtverhältnisse. Das wird verständlich, wenn man weiß, daß das Lichtangebot im Winter nur rund 10% des Sommerangebotes ausmachen kann. So bringt das Sonnenlicht im Sommer um die Mittagszeit etwa 100 000 Lux.

**Pflanzenanzuchten in der lichtarmen Zeit benötigen Zusatzbelichtung.**

Licht ist ein unentbehrlicher Wachstumsfaktor. Gerät er ins Minimum, wird die Pflanzenentwicklung erheblich gestört. Daher kommt der Zusatzbelichtung, vor allem in der lichtarmen Jahreszeit, besondere Bedeutung zu.

Mit Assimilationslicht wird die Wachstumsleistung gefördert. Es ersetzt die Energie des Sonnenlichtes bei der Photosynthese. Dadurch können wir auch in der dunkelsten Jahreszeit Pflanzenanzucht betreiben. Verwendet werden spezielle Leuchten in feuchtraumgeschützter Ausführung. Die Aufhängehöhe sollte etwa im Bereich von 50–80 cm über den Pflanzen liegen.

Eine Verstellbarkeit (z.B. Kettenaufhängung) wäre gut, um die Strahler der Wuchshöhe anpassen zu können. Wichtig ist eine gleichmäßige Bestrahlung der Fläche. Bei der Jungpflanzenanzucht wird rascheres Wachstum erreicht und dadurch auch eine bessere Ausnutzung des Gewächshauses.

## Begriffe:

Lampen sind die Lichtquelle, Leuchten das Gehäuse mit oder ohne Reflektor. Die Beleuchtungsstärke ist der auf eine Fläche auftreffende Lichtstrom in Lux (lx) = 1 Lumen (lm) pro $m^2$.

Lichtstrom ist die von einer Lichtquelle unabhängig von der Ausstrahlungsrichtung abgegebene Strahlungsleistung; gemessen in Lumen (lm). Lichtausbeute ist das Maß für die Wirtschaftlichkeit einer Lichtquelle. Sie sagt aus, wie groß der Lichtstrom ist, der von 1 Watt aufgewendeter elektrischer Energie erzeugt wird; Einheit: Lumen/Watt (lm/W). Je höher das Verhältnis Lumen/Watt, desto wirtschaftlicher ist die Lichtquelle. Strahlungsausbeute gibt an, wie viel Strahlung pro Watt eingesetzter elektrischer Leistung erzeugt wird (Einheit: Milliwatt/Watt (mW/W); vergleichbar mit Lichtausbeute). Diese Angaben sind brauchbar, wenn die Strahlungsverteilung der Lampentypen bekannt ist. Für die Assimilationsbelichtung gibt es auch Komplettsets für Pflanzengruppen, wenn nicht die gesamte Fläche belichtet werden soll. Glühlampen haben einen hohen Lichtstrom im Infrarotbereich und kommen für die Assimilationsbelichtung nicht in Betracht. Der hohe Rotgehalt würde zu einem exzessiven Längenwachstum der Pflanzen führen. Außerdem ist die Lichtausbeute nur 5–7% der aufgenommenen elektrischen Energie. Leuchtstofflampen kommen dem Ideal zur Belichtung recht nahe. Die Strahlenausbeute ist mit 200 mW/W groß. Sie haben eine geringe Wärmeentwicklung und eine lange Lebensdauer (ca. 10 000 Stunden).
Mittlerweile gibt es überall fertige Beleuchtungssets, die wir nur aufzuhängen brauchen. Dabei aber daran denken, daß die Beleuchtungsstärke (Lux) abnimmt, je größer die Entfernung Lampe – beleuchtete Fläche ist. Spezielle Pflanzenleuchten sind im Gartenfachhandel erhältlich. Zu beachten ist die Aufhänghöhe.

**Cymbidium-Hybride 'Heritage'.**

Gewächse aus dem tropischen Bereich sollen nicht länger als zwölf Stunden (Tageslicht plus Kunstlicht), Pflanzen aus unseren Breiten etwa 12–16 Stunden insgesamt belichtet werden.
Als Lichtquelle für Assimilationslicht kommen von den Leuchtstofflampen (Langfeldlampen) 3- oder 5-Banden-Lampen (Lichtfarbe »Warmton de Lux« 18–25 Watt) in Frage. Aufhänghöhe 30–50 cm über den Pflanzen. Kompakt-Leuchtstofflampen haben sich für die Belichtung kleinerer Flächen bewährt: Lichtfarbe »Warmton extra«.
Weitere Lampenarten sind Quecksilberdampf-Hochdrucklampen, Metallhalogendampf-Hochdrucklampen ab 35 Watt Leistung mit zwar etwas geringerer Lichtausbeute, aber angenehmer Wirkung auf das menschliche Auge, Natriumdampf-Hochdrucklampen, die auch als Komplettsets angeboten werden. Sie gehören zu dem Lampentyp mit der höchsten Energieausbeute (Lumen/Watt).

# Luft

Vor allem die Jungpflanzenanzucht erfordert reichliche Luftzufuhr. Die heranwachsenden Setzlinge müssen nach und nach abgehärtet werden, um sich an die Außenbedingungen zu gewöhnen. Viele Gewächse, vor allem Warmhauspflanzen, benötigen weniger Luftzufuhr. Luft ist im engen Zusammenhang mit der Wärme zu betrachten. Gegen zu hohe Wärme im Gewächshaus wird gelüftet. Lüftungseinrichtungen benötigen alle Bauformen, Bauweisen sowie Typen vom Kalt- bis zum Warmhaus. Durch die Lüftung wird frische Luft zugeführt, die verbrauchte und warme Luft herausgelassen und auch der Pflanzenbestand »abgetrocknet«, was nach dem Gießen wichtig ist. Eigentlich können in einem Gewächshaus nicht genügend Luftklappen vorhanden sein. Viel besser ist es, wenn mal eine geschlossen bleiben kann, als wenn es infolge fehlender Lüftungseinrichtungen Übertemperaturen gibt. Ein Warmhaus, so hört man oft, braucht nicht so viel gelüftet zu werden. Weit gefehlt! Wenn dieses Haus zusätzlich auch zur Jungpflanzenanzucht benutzt wird, wird reichlich Luftzufuhr benötigt.
Die Notwendigkeit optimaler Lüftung wird noch deutlicher, wenn wir wissen, daß bei einer Temperaturdifferenz von 30 °C etwa 349 W/m²/h Heizleistung

im Winter zur Erhaltung der Temperatur zugeführt werden müssen. Am besten wäre es, alle Gewächshäuser würden für alle Verwendungen hinsichtlich der Lüftung über gleiche Voraussetzungen verfügen. Denn wer kann sich schon von vornherein festlegen, für welchen Zweck er sein Gewächshaus heute, morgen und in Zukunft verwenden wird?
Hier kommt es auf reichliche Lüftungsmöglichkeiten an. Von

**Auch im Foliengewächshaus funktioniert die Luftzufuhr selbsttätig und ohne elektrische Energie.**

**Unten: So ein durchgehendes Lüftungsband im Gewächshausdach ermöglicht optimale Klimaverhältnisse.**

der Jungpflanzenanzucht, über den Anbau von Gurken (geringes Lüftungsbedürfnis) bis hin zu Kopfsalat und Tomaten (große Luftzufuhr) und zur Nutzung als Überwinterungshaus, müssen hier alle pflanzenbaulichen Möglichkeiten zu verwirklichen sein.

# Wärme

Im Winter wird die fehlende Wärme durch Heizung ersetzt. In einem Gewächshaus hat man es in der Hand, für gleichmäßige Wärme sorgen zu können. Es kann leicht zu viel Wärme geben, die durch die Lüftung reduziert werden muß. Auch an sonnigen Wintertagen wird es gelegentlich zu warm. Hier gilt es, die Heizung thermostatisch so zu regeln, damit die Temperaturerhöhung durch Sonnenstrahlen nicht allzu hoch wird.

Bei einem Warmhaus mit einer Warmwasserheizung läßt sich auch im kalten Winter die Innentemperatur auf +24 °C halten. Die Heizrohre sind unter den Tischen und im übrigen Raum verteilt. Heizungsanschluß entweder vom Wohnhaus oder einer Extra-Heizstelle, vielleicht kombiniert mit einem kleinen Arbeitsraum. Das Warmhaus besitzt außerdem noch ein Vermehrungsbeet, das entweder mit einer Warmwasserheizung oder mit einer Elektroheizung ausgestattet ist.

Das temperierte Gewächshaus braucht weniger Rohre. Hier läßt sich unter Umständen auch mit einem Öl- oder Gasheizgerät die Wärme erzeugen. Zumindest elektrisch beheizte Anzuchtschalen sollten vorhanden sein, um innerhalb des Gewächshauses Pflanzenanzuchten bei genügender Bodenwärme heranziehen zu können. Ist das Haus mit Grundbeet ausgestattet, könnte auch eine Bodenheizung, besser noch eine Vegetationsheizung verlegt werden. Ein Kalthaus hat eine schwache Heizung (Überwinterungshaus). Dazu reicht ein Ölofen. Oftmals genügen auch Heizlüfter als Frostwächter, die im Frühjahr und Herbst die Wachstumszeit verlängern helfen. Auch Petroleumlampen sind als provisorische Wärmequelle verwendbar. Ein Kalthaus braucht aber nicht immer ein solches zu bleiben. Durch Verstärkung der Heizung läßt sich sogar ein Warmhaus daraus machen, wenn es eine stabile Konstruktion hat.

# Feuchtigkeit

Luftfeuchtigkeit ist im Warmhaus für Pflanzen tropischer Gebiete und für verschiedene andere Gewächse ein wichtiger Faktor. Der Luftfeuchtegehalt ist mit einem Hygrometer festzustellen. Völlige Sättigung der Luft entspricht 100% relativer Feuchte. Sie ist die Menge Wasserdampf, den Luft aufnehmen kann, ohne daß es zur Tröpfchenbildung kommt.
Über den Feuchtegehalt und den für die Pflanzen günstigen Bereich Bescheid zu wissen, ist genauso wichtig, wie die Ansprüche an die Temperatur zu kennen. Für Kopfsalat z.B. liegt

der günstigste Bereich zwischen 65 und 80% relative Feuchte. Temperatur und Feuchte sollen in einem vernünftigen Verhältnis zueinander stehen. Die Luftfeuchte sollte etwa doppelt, höchstens dreimal so hoch wie die Temperatur sein. Bei starkem Sonnenschein sind zur Ermittlung des Luftfeuchtewertes 8 °C und bei mäßiger Besonnung 4 °C hinzuzurechnen. Beispiel: Temperatur + 18 °C plus + 4 °C = 22 °C; richtige relative Luftfeuchte ist also 44–66%. Absenkung der Feuchtigkeit wird durch Lüften und Erhöhen der Lufttemperatur erreicht.
Die Luftfeuchte läßt sich erhöhen durch Versprühen von Wasser. Gewächsen mit hohem

Luftfeuchtigkeitsbedarf ist aber z.B. durch Bespritzen des Gewächshausweges kaum ein entsprechendes Klima zu schaffen. Besser ist ein Elektroluftbefeuchter, der automatisch Luftfeuchtigkeit erzeugt. Luftfeuchte wirkt allerdings temperaturreduzierend, weil durch Verdunstung Wärme gebunden wird. Im Kalthaus wird ein Luftbefeuchter sicher nicht benötigt. Bei Doppelverglasung ist die innere Scheibe wärmer, was zu höherer Luftfeuchte und geringer Verdunstung führt.

**Luftfeuchtigkeit ist für viele Gewächse tropischer Herkunft ein wichtiges Lebenselexier.**

# Klimaregelung

Es wäre tagesfüllend, müßte alles manuell auf die Minute verrichtet werden: Wärmezufuhr in Betrieb setzen oder mindern, zum richtigen Zeitpunkt für die Luftfeuchtigkeit sorgen, Lüftungsklappen öffnen und schließen, kurzum Klima und Wachstumsfaktoren stets zum richtigen Zeitpunkt pflanzenverträglich zur Verfügung zu stellen. Freilich ist optimale Darbietung der genannten Faktoren nicht alles, was Pflanzen brauchen. Trotzdem bilden Luft, Licht, Wärme und Feuchtigkeit das »Grundgerüst«. Wenn es gelingt, diese aufeinander abzustimmen, wird es auch Anfängern nicht schwerfallen, erfolgreich zu sein. Für Zusatzbelichtung ist eine Schaltuhr nötig, die Lampen ein- und wieder ausschaltet. Auch ein Dämmerungsschalter , der einschaltet, wenn eine bestimmte Beleuchtungsstärke des natürlichen Lichtes (im Anschluß an das Tageslicht) unterschritten wird, ist dafür nützlich. Zu empfehlen: die Kombination mit Dämmerungsschalter und Zeitschaltuhr. Einschalten mit Dämmerungsschalter; ausschalten mit Zeitschaltuhr zum vorgewählten Zeitpunkt. Auch der Faktor Luft ist automatisch regelbar: Stromlos betriebene Fensteröffner lüften nach eingestellten Werten ohne Zutun. Auch bei der »Zwangsentlüftung« durch Ventilatoren ist das möglich. Eine automati-

sche Regelung für dosierte Wärme ist ebenso notwendig. Auch im Winter bedarf das Gewächshaus nicht ständiger Aufsicht. Mit speziellen Einrichtungen läßt sich die Nachttemperatur senken. Das wird durchaus von den Pflanzen vertragen und trägt außerdem zur Heizkostenersparnis bei.
Die Darbietung der Feuchtigkeit läßt sich ebenso gut regeln. Die Wasserzufuhr für das Bewässerungssystem über Feuchtefühler, die die Pflanzen nach Bedarf mit Wasser versorgen, ist eine echte Arbeitshilfe. Die Luftfeuchtigkeit ist mit automatisch regelbaren Elektro-Luftbefeuchtern über Hygrostate (automati-

**Lassen sich optimale Klimabedingungen schaffen, ist solch eine Urwaldatmosphäre im Gewächshaus allemal möglich.**

sche Feuchteregler) genau einzuhalten. Mit Regelbereichen zwischen 20 und nahezu 100 % relativer Luftfeuchte wird man allen Pflanzenansprüchen gerecht. Geräte mit automatischem Zufluß aus der Wasserleitung sind völlig wartungsfrei.

# Boden

Er ist der Standort, wo die Wurzeln »Fuß« fassen können, und Nahrungsquelle für die Pflanzen. Anzustreben ist ein krümeliger, humoser, gut strukturierter Boden mit guter Wasserhaltekraft und optimaler Durchlüftung. Fruchtbarer Boden ist durch ein vielfältiges und reges Bodenleben gekennzeichnet. Durch den oft ganzjährigen Anbau von Gemüse wird Gewächshausboden stärker beansprucht als Gartenboden. In dem meist optimalen Klima gedeihen die Pflanzen gut und die

höheren Bodentemperaturen beschleunigen die Umsetzungen. Organische Stoffe werden rascher verwertet und abgebaut. Durch Ernte und biologische Abbauprozesse nimmt der Humusgehalt also ab. Damit die Bodenfruchtbarkeit erhalten bleibt, ist die optimale Humusversorgung daher sehr wichtig. Ideal ist verrotteter Rinderdung, besonders vor der Pflanzung von Gurken, Tomaten, Paprika, wobei etwa 5 kg/m$^2$ eingegraben werden. Auch Kompost, Torfersatzstoffe, z.B. Rindenhu-

mus aus kompostierter Baumrinde, können eingearbeitet werden. Das verbessert die Bodenstruktur.

Ein wichtiges Merkmal des fruchtbaren Bodens ist der pH-Wert. Er ist die Meßgröße zur Feststellung der Bodenreaktion und gibt Aufschluß über den Kalkgehalt. Die Bereiche gehen von sauer bis alkalisch:
pH unter 4,5 = stark sauer;
4,5–5,5 = mäßig sauer;
5,5–6,5 = schwach sauer;
6,5–7,4 = neutral;
über 7,4 = alkalisch
(kein Kalkbedarf).
Gemüse gedeiht am besten bei Werten von 6–7.
Mit Indikatorstäbchen (Gartenfachgeschäft) kann man den Wert messen. Eine Standarduntersuchung alle 3–4 Jahre informiert über Bodenart, Phosphat- und Kaliversorgung sowie über pH-Wert einschließlich Kalkbedarf. (Bodenentnahme von mehreren Stellen, 20–25 cm tief und zu einer Mischprobe zusammenführen.) Dadurch wird die Nährstoffzufuhr am Bedarf orientiert und überflüssige Düngung unterbleibt.
Das bislang empfohlene alljährliche Auswaschen des Gewächshausbodens mit 150 Liter/m$^2$ Wasser, um nicht genutzte Dünger (Übersalzung) in den Untergrund zu befördern, ist aus Gründen der Umweltbelastung nicht mehr vertretbar!

**Zur Erhaltung der Bodenfeuchtigkeit gehört eine optimale Humusversorgung.**

# Erden und Substrate

Erden und Substrate sollen u.a. folgende Merkmale aufweisen: gutes Wasserspeichervermögen und langsame Wasserabgabe an die Pflanze; geringes Volumengewicht und großer Porenraum; ausreichende Nährstoffspeicherung und langsame Nährstoffabgabe; dem Verwendungszweck angepaßte Bodenreaktion (pH-Wert). Erden und Substrate brauchen wir zur Pflanzenanzucht für Aussaatkisten, später zum Pikieren und auch zur möglichen Weiterkultur in Töpfen.

So sollten Substrate beschaffen sein: locker, großporig, wasseraufnahmefähig.

## Erden selber mischen

Wer keine fertigen Substrate kaufen möchte, über eigene Komposterde verfügt und gerne experimentiert, wird sich die Erdmischung selbst herstellen. Komposterde, Rindenhumus, Gartenerde je 30% zusätzlich 10% Sand.
Mischungen aus Gartenerde, Kompost und Sand im Verhältnis 4 : 4 : 1 für Pflanzen im Grundbeet. Für Pikier- und Topferde wird Torf bzw. Rindenhumus beigemischt.
Bewährt hat sich auch die Zugabe von Hygromull (wasserhaltend) oder Styromull (geschlossenzellig, lockernde Wirkung) oder Hygropor (70% Hygromull, 30% Styromull).
Mit einem organischen Mischdünger (1 kg/Schubkarre) wird die Nährstoffbevorratung sichergestellt. Dazu eignen sich auch Hornspäne, Knochenmehl je 100 g/10 Liter (1 Eimer) plus 80 g Patentkali.

Industriell hergestellte Erden sind hinsichtlich Nährstoffgehalt und Struktur allerdings gleichbleibend und sicherer. Vor allem sind Unkrautsamen und Infektionsmöglichkeiten, wie sie bei Komposterde wohl möglich sind, hier ausgeschlossen. Fertige Kultursubstrate auf Torfbasis sind beispielsweise TKS, wobei TKS 1 angereichert mit den erforderlichen Haupt- und Spurennährstoffen in geringer Konzentration ist. Es wird für Anzucht (Aussaat, Pikieren) genommen. Bei TKS 2 sind die Nährstoffe höher konzentriert: Verwendung zur Weiterkultur (Töpfe, Kübel, Schalen, Blumenkästen). Torfsubstrate in Säcken werden immer mehr auch gleich zum Bepflanzen verwen-

det. Dadurch kommen Infektionsprobleme erst gar nicht auf. Das Substrat wird dann dem Kompost beigegeben. Um Torf zu sparen und die Moore nicht weiter zu zerstören, sind Substrate auf Rindenbasis entwickelt worden. Diese Rindenkultursubstrate können auch direkt bepflanzt werden: Eignung auch als Anzuchterde, mit organischem Volldünger als fertige Pflanzerde, oftmals mit Zusätzen aus Ton, Torf, Sand. Das Material ist strukturstabil, vergießfest, frei von Unkrautsamen, Schädlingen und Krankheitserregern, hat geringe Salzbelastung und einen pH-Wert von 5,5–6,5 je nach Herkunft (Baumart).

51

# Dünger

In geordneter Kulturfolge muß Nährstoffentzug durch gezielte Düngung ergänzt werden. Ein Überangebot mineralischer und organischer Nährstoffe schadet den Pflanzen und der Umwelt. Zu hohe Gaben gelangen ungenutzt ins Grundwasser und führen zur Anreicherung von Schadstoffen (Trinkwassergefährdung), auch durch Nitratbelastung. Nitrat ist im Boden leicht beweglich. Für die optimale Darbietung sind Bodenanalysen unerläßlich. Die Unterversorgung schwächt die Pflanzen und macht sie anfällig für Schädlinge und Krankheiten. Organische Dünger sind u.a. Stallmist (auch getrocknet und perliert), Kompost, Gründüngung, Blutmehl, Knochenmehl, auch Mischprodukte mit Humusstoffen. Sie wirken langsam und nachhaltig. Während die einfachen organischen Dünger, wie z.B. Hornspäne, meist sehr wenig Kalium enthalten, besitzen besonders die Mischprodukte, aber auch die getrockneten Stalldünger ein günstigeres Nährstoffverhältnis – sie wirken außerdem schneller.

Organisch-mineralische Düngemittel, z.B. Engelhardts Gartendünger, Hornoska, Orgamin, Manna-Spezial u.a., eignen sich gut für das Gewächshaus. Organisch-mineralische Dünger sind

## Düngung der Gemüsearten

| | | |
|---|---|---|
| *Starkzehrer* (Tomaten, Gurken, Melonen, Auberginen, Paprika, Kürbis) | Vor der Pflanzung reichlich Kompost und/oder gut verrotteten Stallmist einarbeiten und bei Bedarf bis zu 180–200 g/m² organische Mischdüngung dazugeben.<br><br>Bei Bedarf mit Brennesseljauche u.ä. oder käuflichen organischen Flüssigdüngern gießen oder mit weiterem Kompost mulchen. | Vor der Pflanzung reichlich Kompost und/oder gut verrotteten Stallmist einarbeiten und je nach Nährstoffgehalt des Bodens mit bis zu 120 g/m² organisch-mineralischen bzw. 50 g/m² Volldünger düngen.<br><br>Nachdüngung bei Bedarf monatlich mit Flüssigdünger 2 g/l bei Kohlrabi Kopfdüngung mit 20 g/m² |
| *Mittelstarkzehrer* (Chinakohl, Rettich, Spinat, Endivien, Zwiebeln, Schnittlauch, Stangenbohnen, Kohlrabi | Vor der Pflanzung Kompost einarbeiten und bis zu 120 g/m² organischen Mischdünger zugeben.<br><br>Bei Bedarf mit Kompost oder Pflanzenjauche nachdüngen. | Ja nach Nährstoffangebot im Boden bis zu 100 g/m² organisch-mineralische Dünger oder die Hälfte Volldünger. |
| *Schwachzehrer* (Feldsalat, Radies, Petersilie, Buschbohnen, Kopfsalat) | Bei Bedarf Kompost einarbeiten und/oder bis zu 50–70 g/m² organische Mischdünger. | 60–80 g organisch-mineralische Dünger oder die halbe Menge Volldünger. |
| Bei allen Düngern: Je nach Nährstoffzusammensetzung Anwendungshinweise beachten! | | |

**Gurken brauchen viel Wasser und Wärme sowie maßvolle Düngung.**

ein Gemisch aus organischen Anteilen und Mineralsalzen. Viele Produkte haben einen organischen Anteil von etwa 35%.

Mineralische Dünger sind Salze, die von den Pflanzen schnell aufgenommen werden und sofort wirken. Konventionell arbeitende Gewächshausgärtner verwenden z.B. Blauvolldünger, Kalkammonsalpeter, Nitrophoska.

Im Freiland geht der Wasserstrom von oben nach unten; im Gewächshaus ist es gerade umgekehrt. Bei unsachgemäßer Düngung und Wasserversorgung können sich wasserlösliche Anteile in der Krume festsetzen.

Die Folge sind Übersalzungsschäden, vor allem bei geringem Humusgehalt des Bodens, was sich z.B. im Rollen der Gipfeltriebe bei Tomaten, Einbrennen von Gurken, Kopfsalat zeigt. Daher gibt man Mineraldünger in mehreren Gaben: Vor der Bestellung eine Grunddüngung, später nur bedarfsweise Kopfdüngergaben. Wird das Fehlen eines einzelnen Nährstoffes durch Bodenanalyse ermittelt, empfiehlt sich, Einzelnährstoffdünger statt Volldünger zu geben.

Mit organischen Düngern kann man dagegen kaum etwas falsch machen, da sie langsamer und schonender wirken. Man kann ihre Wirkung allerdings auch nicht so präzise vorausberechnen, weil diese von der Tätigkeit der Bodenorganismen und anderen Faktoren abhängig ist. Der Gärtner sollte also seine Pflanzen genau beobachten. Dafür erhält und verbessert organische Düngung langfristig den Humusgehalt des Bodens, was die Pflanzen mit gesundem üppigen Wachstum belohnt.

**Mischkultur im unbeheizten Folienhaus.**

# Die Nährstoffe

## Stickstoff

Gilt als der Motor des Wachstums, wird benötigt zum Aufbau von Eiweiß und zur Entwicklung der Pflanzenmasse. Trieb- und Blattbildung werden positiv beeinflußt. Die Wirkung ist sofort sichtbar.

Mangel: Vergilbung der Blätter, geringes Wachstum, minderer Ertrag.

Überversorgung: Mastiger Wuchs, blaugrüne Blattfarbe, weiches Gewebe, mangelnde Standfestigkeit.

## Phosphor

Wirkt auf Zellaufbau, Wurzelbildung und -kräftigung sowie Blüten-, Frucht-, Samenbildung.

**Mangel:** Kleine Blüten, Blätter rötlich bis braunviolett. In gut gedüngten Böden kommt es kaum zu Phosphatmangel.

## Kali

Ist notwendig, um Zucker, Stärke, Eiweiß zu bilden, sorgt für die Festigkeit der Gewebe, beeinflußt Geschmack, Haltbarkeit. Erhöht die Widerstandsfähigkeit gegen Frost, Trockenheit, Schädlinge und Krankheiten.
**Mangel:** rötliche und gelbe Blattränder.

## Kalk

Verbessert die Bodenstruktur, regt das Bodenleben an, dient als Bodenverbesserungsmittel, erhöht den pH-Wert, bindet Säure im Boden. Das enthaltene Calcium ist Pflanzennährstoff.

## Magnesium

Wirkt auf die Blattgrünbildung.
**Mangel:** Einrollen der Blattränder, untere Blätter gelblich mit grünen Blattadern.

## Spurenelemente

Eisen, Mangan, Kupfer, Zink, Molybdän, Schwefel, Chlor und Bor sind für das Pflanzenwachstum mit unterschiedlichen Funktionen in sehr geringen Mengen notwendig.

# Hygiene und Pflanzenschutz

Vorbeugen ist besser als Heilen. Vernünftige Klimabedingungen lassen Krankheits- und Schädlingsbefall oftmals erst gar nicht entstehen. Gießen Sie z.B. nie in den Abendstunden: Das Benetzen von Blättern führt bei verschiedenen Pflanzengattungen zu Fäulnis oder falschem Mehltau.

Chemie im Garten gerät immer mehr in die öffentliche Diskussion. »Pflanzenschutz« betrifft nicht nur die Pflanze selbst, auch das Umfeld. Integrierter Pflanzenschutz ist eine Kombination von Verfahren, bei denen vorrangig biologische, anbau- und kulturtechnische Maßnahmen, Sortenwahl, bedarfsgerechte Düngung, Standort und gesundes Saatgut die Anwendung von Chemie auf ein Mindestmaß beschränken, gar überflüssig machen. Und wenn, dann werden chemische Präparate als »letzte Instanz« gezielt und eng begrenzt eingesetzt.

Wenn Chemie, dann Konzentrationen und Wartezeiten genau einhalten! Umweltschonende Verfahren haben den Vorzug. Sorten müssen dem Standort und der Anbauzeit Frühjahr, Sommer, Herbst entsprechen. Eine Bodenentseuchung kann nach mehrjährigem Anbau nötig sein. Der Gärtner wird in diesem Fall den Boden dämpfen. Diese Möglichkeit gibt es im Kleinen nur für Substrate und Anzuchterde. Am besten ist ein Bodenaustausch. Bei 15 m$^2$ Grundfläche rund 0,50 m Aushubtiefe sind jedoch zweimal 7,5 m$^3$ Erde zu bewegen.

**Typische Gewächshausnutzung mit Pflanzen im Grundbeet und Anzucht auf den Tischen.**

# Krankheiten und Schädlinge

Gesunde Pflanzen werden kaum von Pilzen und Schädlingen befallen. Gewächse, die nicht unter optimalen Bedingungen wachsen, sind anfällig. Auch der wiederholte Anbau gleicher Pflanzenarten auf derselben Fläche begünstigt die Ausbreitung von Krankheiten und Schädlingen.
Pflanzen genau untersuchen (Lupe). Wenn sie befallen sind, Topfpflanzen austopfen, Ballen untersuchen, Durchwurzelung überprüfen; gesunde Pflanzen haben meist helle, gut verzweigte Wurzeln. Befallene Pflanzenteile umgehend aus dem Bestand entfernen. Krankheitsfreies Substrat, saubere Gefäße sind Voraussetzung für gesunde Pflanzenanzucht. Kulturführung: Luftfeuchte, Luftzufuhr, Wärme beachten. Zugluft vermeiden. Nur Pflanzen anbauen, die von den Ansprüchen her in das Gewächshaus passen, unproblematisch sind und Sorten bevorzugen, die Resistenzen z.B. gegen Mehltau, Virus, *Fusarium* aufweisen. Bewährt haben sich auch die ungiftigen Insektenlocktafeln. Der Einsatz von natürlichen Feinden von Kulturschädlingen, z.B. Raubmilben gegen Spinnmilben, Schlupfwespen gegen

**Gelbtafeln sind eine praxiserprobte Methode, um die Weiße Fliege ohne Chemie zu bekämpfen.**

Weiße Fliege, Florfliegen, Gallmücken, Marienkäfer gegen Blattläuse, ist im Gewächshaus sehr empfehlenswert.
Netze und Vliese wehren Gemüsefliegen ab.

Wartezeiten sind zum Schutz des Menschen festgelegt. Sie geben den Zeitraum in Tagen zwischen Anwendung des Mittels und der frühestmöglichen Ernte an. Damit ist sichergestellt, daß Wirkstoffe zur Erntezeit abgebaut sind. Mittel genau nach Herstellerangabe anwenden, denn bei Überdosierung verlängert sich die Wartezeit; können die Rückstände größer sein und Pflanzenschäden auftreten.

# Aussaat

Zu zeitig sollte man nicht beginnen: Die kurze Tageslänge und die niedrige Lichtintensität sind für die zügige Entwicklung von Jungpflanzen ein Hemmnis. Lieber besorgt man sich den ersten Satz Gemüsepflanzen beim Gärtner. Für Folgesätze und Sommerblumen, die je nach Gattung im Februar/März ausgesät werden, sind eigene Aussaaten durchaus zu empfehlen. Es sind verschiedene Saatgutarten im Handel: Normalsaatgut ist weitgehend frei von Verunreinigungen. Die Durchmesser der Samen (Korngrößen) sind nicht einheitlich. Auf der Tüte ist der Hinweis, ob gebeizt oder ungebeizt. Kalibriertes Saatgut ist durch Siebvorgänge auf einheitliche Korngröße gebracht worden, vorteilhaft z.B. bei Radies, Rettich, wo auf Endabstand in den Gewächshausboden in Rillen gesät wird. Bei Pillensaatgut werden die Samenkörner mit einer Hüllmasse zu einheitlichen runden Pillen geformt. Die Samen müssen feucht gehalten werden und dürfen nur ca. 1 cm tief in das Erdreich kommen. Im Saatband befinden sich die Samenkörner in bestimmtem Abstand in einem schmalen Papierband das verrottet. In die Saatrille 1 cm tief einlegen, abdecken, andrücken und feuchthalten. Wer eher zu dicht sät, dem sei das Saatband empfohlen.

Die ersten Aussaaten erfolgen in Schalen, Kisten oder Töpfen, in selbst hergestelltes oder gekauftes Vermehrungs-Substrat. Die meisten Samen dürfen nur so hoch mit Erde übersiebt werden, wie sie selbst dick sind. Wer wenig Übung hat, sät aus der Tüte und befördert den Samen durch leichtes Klopfen in das Aussaatgefäß.

**Im Gewächshaus kann man viele Gewächse preiswert selbst heranziehen.**

Radies, Rettich, Spinat, Feldsalat brauchen keine Vorkultur. Sie werden direkt in den Gewächshausboden in Rillen gesät. Breitsaat hat tückische Nachteile: Späteres Unkrautjäten ist da eine heikle Angelegenheit.

**Links: Verschiedene Aussaat-möglichkeiten: Aussaat mit der Hand (links im Bild), Saatband (Mitte), Särolle (rechts).**

**Mitte und rechts: Nicht zu dicht säen!, danach leicht andrücken und dünn mit Substrat über-decken.**

# Vegetative Vermehrung

## Stecklinge schneiden

Bei Kopfstecklingen verwendet man die Triebspitzen, bei Stammstecklingen werden Stämme oder Triebe in etwa fingerlange Stücke zerschnitten, bei Augenstecklingen benutzt man nur eine Knospe mit ei-nem kleinen Rindenschild und bei Blattstecklingen nur die Blätter oder Teile davon. Durch Blattstecklinge werden u.a. Usambaraveilchen, verschiede-ne Sukkulenten, Begonienarten, Sanseverien vermehrt. Hier

werden einzelne Blätter gebro-chen oder zerschnitten und in das Vermehrungssubstrat ge-steckt. An der Basis der Blatt-spreiten bilden sich neue Pflan-zen. Eine vegetative Vermeh-rung kann auch durch Absen-ker, Abmoosen, Teilen, Ausläu-fer oder Veredeln erfolgen. Der Schnitt muß immer glatt sein, darf nicht quetschen. Die Stecklinge werden in ein Erde-Sand-Torfmull-Gemisch ge-steckt, fest angedrückt, ange-gossen und im mit Glas be-deckten Vermehrungsbeet oder einer Schale mit Heizkabel auf-gestellt. Durch Unterwärme und »gespannte« = feuchte Luft be-wurzeln sie leicht. Die Zeit bis zur Bewurzelung variiert bei den einzelnen Pflanzen. Da die Stecklinge nicht welken dürfen, müssen sie häufig besprüht werden; man hält sie feucht und warm. Zu viel Nässe ist al-lerdings unerwünscht (Fäulnis-gefahr).
Der Platz soll hell, aber nicht sonnig sein. Haben sich Wurzeln gebildet, wird der Glasschutz zum Lüften leicht angehoben.

Manche Pflanzen bewurzeln leicht und erfordern keine beson-deren Vorbehandlungen, wie beispielsweise Tradeskantien, *Pilea*-Arten, *Soleirolia*, *Sela-ginella*. Man darf sie gleich in den Endtopf stecken.

## Pflanzen teilen

Manche Pflanzengattungen sind leicht durch Teilen zu vermeh-ren. »Aus eins mach zwei« ist auch gut bei Gewächsen mit Rhizomen (verdickte unterirdi-sche Stengel) in die Tat umzu-setzen. Dazu gehört u.a. *Sanse-vieria* (Bogenhanf). Aber auch Pflanzen wie *Spathiphyllum* (Einblatt), Farne, *Asparagus* und manche anderen sind auf diese Weise zu vermehren. Zu beach-ten: Jeder Teil muß genügend Wurzeln haben.

57

# Pikieren

# Ein- und Umtopfen

Sind die Sämlinge aus dem Keimblattstadium heraus, werden sie pikiert, das heißt vereinzelt, auf einen neuen Abstand eingepflanzt. Pikiert wird in kleine Töpfe, entweder in zusammenhängenden Platten, wie Multitopfplatten oder in Torftöpfe, Tontöpfe oder in die neue Generation von Recyclingtöpfe bzw. in Pikierkisten, Schalen. In diesen Gefäßen stehen die Pflänzchen einzeln und können durchwurzelte Ballen bilden. Sie wachsen nach dem Auspflanzen an den endgültigen Platz ungestört weiter. Die Gefäße erhalten einen hellen Platz, durchaus auf den Hängen unter dem Gewächshausdach.

Wer sich selber mit der Anzucht versucht, wird über die Stadien Aussaat, Pikieren, Pfänzchen eintopfen nicht umhinkommen. Außer dem Ein-, gibt es fast noch mehr umzutopfen – die Pflanzen von kleineren in größere Gefäße zu setzen. Wenn der Ballen dicht und filzig ist und fast nur noch aus Wurzeln besteht, dann ist es dafür höchste Zeit.

Für Kübelpflanzen gilt: Jüngere Pflanzen werden in ein- bis zweijährigem Turnus, ältere etwa alle 4–5 Jahre umgetopft. Für Zimmerpflanzen ist das Frühjahr günstig, zu Beginn der neuen Wachstumsperiode. Während der winterlichen Ruhezeit und während der Blüte wird nicht umgetopft. Stets in die nächst größere Topfgröße umsetzen. Damit der Wasserabzug funktioniert, legen wir eine Tonscherbe auf das Abzugsloch. In den nächsten Wochen mäßig gießen, nicht düngen und für Halbschatten sorgen.

# Pflanzen

Beim Auspflanzen vorkultivierter Setzlinge dürfen die Wurzeln weder umgebogen, noch beschädigt werden, sie kommen senkrecht in den Boden. Zu lange Wurzeln werden gekürzt. Unproblematisch ist das Einpflanzen von Setzlingen mit Wurzelballen. Erfolgte die Vorkultur in Torftöpfen, Papiertöpfen, aus deren Wandungen schon die Wurzeln herausspitzen, ist zügiges Wachsen gewährleistet.

Wichtig ist der Kontakt mit dem Erdreich. Daher die Setzlinge fest andrücken, nachdem sie in das ausgehobene Pflanzloch gesetzt wurden. Anschließend angießen, damit Hohlräume zwischen dem Wurzelwerk zugeschlämmt werden.

**Kann man die Sämlinge mit den Fingern fassen, wird pikiert.**

**Bei Torftöpfen ist die Hülle Bestandteil des Wurzelballens.**

abdeckhaube bestehen. Sie eignen sich auch innerhalb des Gewächshauses für die Anzucht. Tontöpfe haben poröse Wände. Das ist vorteilhaft für den Luftaustausch, solange die Durchlässigkeit nicht durch Verschmutzung und Nährstoffablagerungen herabgesetzt wird. Solche Probleme gibt es bei Plastiktöpfen nicht. Sie sind wasserundurchlässig (keine Verdunstung durch die Topfwände). Die glatten Wände bieten Krankheitserregern keinen Unterschlupf. Geringes Gewicht ist ein weiterer Vorteil. Schwierige Entsorgung und Müllbelastung werden den Plastiktopf verdrängen, zugunsten von Recyclingtöpfen aus Papier und anderen wiederverwertbaren Materialien. Sicher betrifft das auch Plastik-Gittertöpfe, die samt der Pflanzen in die Erde gesetzt, später nach der Ernte bzw. Abblühen der Pflanzen allerdings aus dem Boden genommen werden sollten, damit sie nicht wieder auf dem Kompost oder auf den Beeten auftauchen.

Torftöpfe aus einem Gemisch nährstoffangereicherter Torfarten sind ideal. Dadurch haben die Jungpflanzen eine kräftige Starthilfe. Nach dem Auspflanzen durchstoßen die Wurzeln die Topfhülle, die Bestandteil des Wurzelballens ist.

Torfquelltöpfe sind ursprünglich dicke Tabletten, die im Wasser in wenigen Minuten zu kleinen Torftöpfen aufquellen. Ein Kunststoffnetz hält das Substrat zusammen. Die Wurzeln können es leicht durchwachsen.

# Gefäße zur Anzucht und Weiterkultur

Plastikkisten sind leicht im Gewicht. Sie lassen sich desinfizieren und sauberhalten. Mit Feuchtigkeit vollgesogene Holzkisten sind schwer und bieten pilzlichen Krankheitserregern Nährboden.

Geringe Saatmengen sind gut in Töpfen und Schalen unterzubringen, auch Aussaatkästen sind zu empfehlen, die aus einem Unterteil mit einer eingebetteten Heizung (Elektro-Heizkabel) und einer Kunststoff-

# Anbauvarianten für Gemüse

## Kalthaus

Im Kalthaus mit Heizung zum Frostfreihalten bis +10/12 °C können frostempfindliche Gewächse überwintern, u.a. Kübelpflanzen, Fuchsien, Pelargonien. Es ist für Anzucht und Auspflanzkulturen zu nutzen, wobei die zusätzliche Abdeckung der Setzlinge mit Vlies ratsam ist. Als erstes können Kohlrabi, Kopfsalat gepflanzt werden, auch vorkultivierte Rettiche. Die Setzlinge besorgen wir uns beim Gärtner. Zur ersten Aussaat, gleichzeitig mit den Pflanzungen, kommen Radies, Rettich, Kresse, Schnittsalat in Betracht. Für Kopfsalat gelten Pflanzenabstände von $20 \times 25$ cm (16 Pflanzen/m$^2$) als Richtschnur. In unkrautfreie Böden können zwischen die Reihen Radies gesät werden. Allerdings ist diese Verfahrensweise (Pflegemaßnahmen, Bodenlockerung) aufwendiger und erfordert Vorsicht. Die Setzlinge werden eher flach gepflanzt. Das ist zur Kopfbildung wichtig. Viel lüften und durchdringend gießen, die Pflanzen müssen trocken »in die Nacht« gehen. Bei Kohlrabi gelten die gleichen Abstände bis $25 \times 25$ cm (20 Pflanzen/m$^2$). Er kann auch zusammen mit Kopfsalat kultiviert werden. Rettich erfordert durchlässiges Erdreich. Undurchlässige, nasse Böden mit geringer Durchlüf-

tung ergeben krumme und sich verfärbende Rettichrüben. Stückrettiche benötigen etwa $20 \times 20$ cm Abstand (25 Pflanzen/m$^2$), Bündelrettiche einen solchen von $12 \times 15$ cm (5 Pflanzen/ m$^2$). Sie werden in Saatrillen nicht fortlaufend gesät, sondern »gestupft«, d.h. in die entsprechenden Abstände gelegt – etwas mehr – und später ausgedünnt. Bei vorkultivierten Sämlingen soll das Hypokotyl, das ist das Teilstück zwischen Wurzel und Keimblatt, etwa 5–7 cm lang sein, bevor ausgepflanzt wird. Nur gerades Einsetzen ergibt schlanke Rettiche.

Radieschen, Reihenabstand etwa 10 cm, mindestens jedoch 8 cm, in der Reihe 6 cm (pro Quadratmeter 125–170, im Mittel 150 Pflanzen) haben mit Kresse und Schnittsalat eine kurze Entwicklungszeit. Zu enger Standraum läßt die Pflanzen schossen, ohne daß sie Knollen bilden.

Gleich zu Beginn können auch Gewürzkräuter wie Petersilie, Dill, Kerbel u.a. gesät und überwinterte Petersilienwurzeln sowie Schnittlauchklumpen aus dem Garten angetrieben werden.

Als Folgekulturen können, nach dem Abernten der Vorkultur, Hauptkulturen, u.a. Tomaten, Gurken, Paprika, für die Sommernutzung den leer gewordenen Platz einnehmen. Nach der

abgeernteten Sommerbepflanzung kann z.B. Zuckerhutsalat (Aussaat Juli, Pflanzung August, Ernte Ende November) gesetzt werden.

Auf dem Anbauplan stehen weiterhin zur Pflanzung und Saat Anfang September: Kopfsalat (Frühsorte), Kohlrabi, Radies. Dies sind die günstigsten Gattungen zum Ausprobieren und zum Sammeln von Erfahrungen. Die Aussaat von Feldsalat und Spinat Mitte September bietet eine weitere gute Ausnutzungsmöglichkeit für das Kalthaus.

## Temperiertes Haus

Der Temperaturbereich von 10–17/18 °C bietet weitergehende Möglichkeiten zeitgemäß vor dem Anbau im Kalthaus. Im Gegensatz zu einer »Frostfreihaltung« kann hier schon bereits in der ersten Februarhälfte Kopfsalat, Kohlrabi, Rettich, Radies gepflanzt und gesät werden. Danach ist die Ernte eher zu Ende und der Platz frei, den ab Mitte April Tomaten, Gurken, Paprika, Melonen einnehmen können.

Hinsichtlich des Pflanzenanbaues wird ähnlich wie im Kalthaus verfahren. Anbauvorteile im Frühjahr und dann im Herbst/Winter sind bedingt durch die Beheizung. Schon ab

**Das Kalthaus bietet viele Möglichkeiten für intensiven Gemüseanbau.**

Januar bieten sich hier Möglichkeiten gärtnerischer Betätigung. Es können Jungpflanzen von Salat und Kohlrabi herangezogen werden für die Pflanzung im März/April.

Im Herbst/Winter ausgegrabene Rhabarberwurzelstöcke, die im Januar im Gewächshausboden eingepflanzt werden, ergeben nach fünf Wochen die erste Ernte.

Weiterhin: Aussaat von Sommerblumen mit Vorkultur, überwinterte Dahlienwurzelstöcke, Begonienknollen antreiben, Pelargonien, Fuchsien und andere Gewächse für Balkon und Terrasse, Kübelpflanzen aufstellen, Frühkartoffeln vortreiben usw. Die Pflanzenanzucht ist für den noch nicht ganz perfekten Gewächshausgärtner nicht immer leicht. Einen Versuch ist es allemal wert und bringt Erfahrung. Etwas mehr Saatgut aufzuwenden ist keine Verschwendung. In der Tabelle sind gebräuchliche Gemüsearten für die Freilandbeete, die man im Gewächshaus heranziehen kann, mit den wichtigsten Daten zusammengestellt. Die Samenmengen sind so bemessen, daß eine Pflanzenauslese möglich ist.

> Die Grenzen zwischen kaltem und temperiertem Haus sind tagsüber fließend. Verstärkt man die Heizung, rückt das Kalthaus in der Wärmeordnung höher.

## Gemüsearten für Freilandbeete, deren Jungpflanzen man im Kleingewächshaus heranzieht

| | Samenanzahl | Keimzeit in Tagen | Saatzeit Monat | Pflanzzeit Monat | Pflanz-abstand cm | Für 10 m$^2$ Pflanzfläche: Pflanz.Samen Stück | g |
|---|---|---|---|---|---|---|---|
| Blumenkohl, früh | 130– 200 | 6–8 | A II | M IV | 50 × 50 | 40 | 0,4 |
| mittelfrüh | 280– 370 | 6–8 | E III | E V | 50 × 50 | 40 | 0,4 |
| Buschbohnen | 1,5– 4,0 | 5–9 | E IV | M V | 40 × 40 | 62* | 200 |
| Gurken | 35– 45 | 4–6 | M IV | M V | 120 × 25 | 33 | 1,0 |
| Kohlrabi | 270– 350 | 5–8 | M II | A IV | 25 × 25 | 160 | 1,0 |
| Kopfsalat | 800–1200 | 6–10 | A III | A IV | 20 × 25 | 200 | 0,4 |
| Melonen | 30– 35 | 6–8 | A IV | M V | 60 × 80 | 21 | 1,0 |
| Paprika | 170– 220 | 12–15 | M III | E V | 40 × 40 | 62 | 1,0 |
| Rotkohl, früh | 270– 330 | 6–8 | A II | M IV | 50 × 50 | 40 | 0,3 |
| Sellerie | 2000–2900 | 14–20 | E II | M V | 50 × 30 | 66 | 0,1 |
| Stangenbohnen | 1,5– 4,0 | 5–9 | E IV | M V | 60 × 60 | 28* | 100 |
| Tomaten | 300– 370 | 8–14 | A III | M V | 30 × 60 | 55 | 0,3 |
| Weißkohl, früh | 270– 320 | 6–8 | A II | M IV | 50 × 50 | 40 | 0,3 |
| Wirsingkohl, früh | 300– 380 | 6–8 | A II | M IV | 50 × 50 | 40 | 0,3 |

* Horstsaat

**Überwinternde Kübelpflanzen und die ersten Anzuchten.**

# Warmhaus

Das Warmhaus mit der Möglichkeit, es bis 18/24 °C zu erwärmen, bietet durch die leistungsfähige Heizung auch Gewächsen mit hohen Temperaturansprüchen beste Voraussetzungen. Es gewinnt noch an Wert als Pflanzenanzuchtstätte.

Hier können sich routinierte Gewächshausgärtner rund ums Jahr beschäftigen. Liebhaber nicht alltäglicher Gewächse können ihre Sammlung exotischer Raritäten pflegen: Es ist mehr das Reich des sich mit Orchideen oder Bromelien aus den tropischen Gebieten umgebenden Gewächshausgärtners.

Die Übersicht vermittelt für mögliche Anbauvarianten von Gemüse Anregungen für heizbare Gewächshäuser. Für Gewächshäuser ohne Heizung verschiebt sich die Anbauplanung mehr auf das späte Frühjahr hin.

**Ausnutzung eines heizbaren Kleingewächshauses vornehmlich mit Gemüse in acht Anbauvarianten**

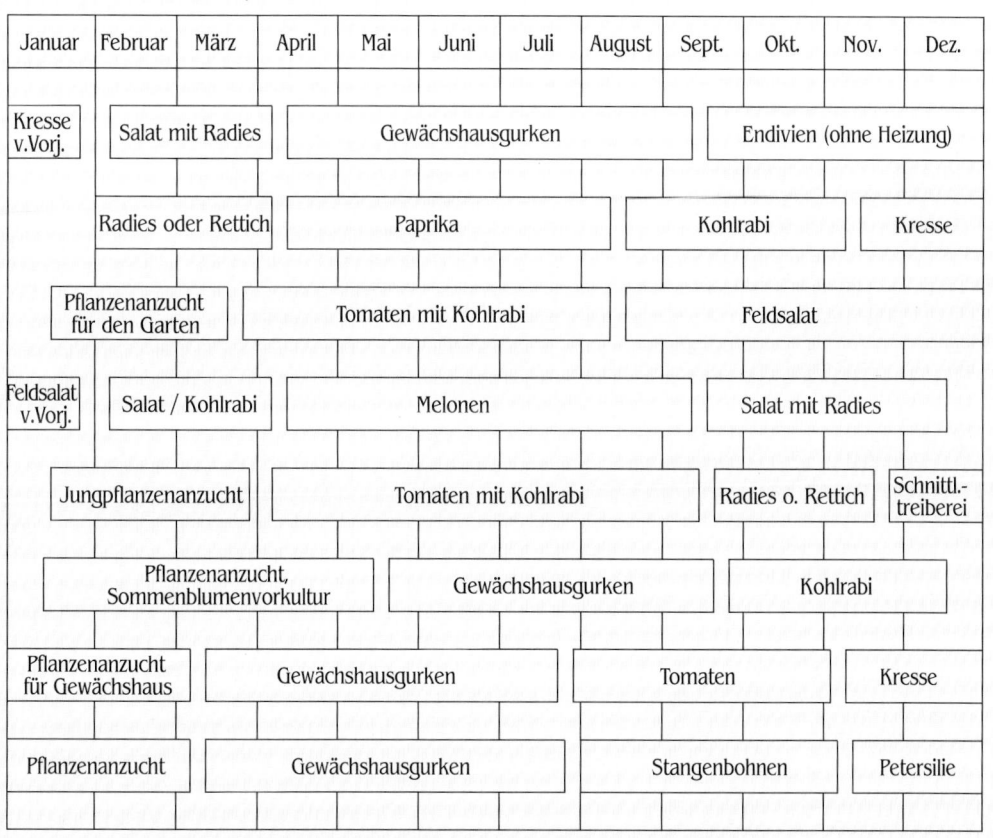

| Januar | Februar | März | April | Mai | Juni | Juli | August | Sept. | Okt. | Nov. | Dez. |
|---|---|---|---|---|---|---|---|---|---|---|---|
| Kresse v.Vorj. | Salat mit Radies | | Gewächshausgurken | | | | | Endivien (ohne Heizung) | | | |
| | Radies oder Rettich | | Paprika | | | | Kohlrabi | | | Kresse | |
| | Pflanzenanzucht für den Garten | | Tomaten mit Kohlrabi | | | | Feldsalat | | | | |
| Feldsalat v.Vorj. | Salat / Kohlrabi | | Melonen | | | | | Salat mit Radies | | | |
| | Jungpflanzenanzucht | | Tomaten mit Kohlrabi | | | | | Radies o. Rettich | | Schnittl.-treiberei | |
| | Pflanzenanzucht, Sommenblumenvorkultur | | | Gewächshausgurken | | | | Kohlrabi | | | |
| Pflanzenanzucht für Gewächshaus | Gewächshausgurken | | | | Tomaten | | | Kresse | | | |
| Pflanzenanzucht | Gewächshausgurken | | | | Stangenbohnen | | | | Petersilie | | |

63

# Das Düngen der Gemüsekulturen

# Gemüsekulturen für Einsteiger

Ein Anbauplan gehört auf jeden Fall dazu, damit die Fruchtfolgen eingehalten werden. Die Grundlage gesunden Pflanzenwachstums ist die Bodenpflege. Hierzu gehört auch die umweltgerechte Nährstoffversorgung.

Eine Bodenbehandlung mit organischen Materialien (Stallmist, Kompost, Mulchen, Ernterückstände) kann beträchtliche Nährstoffmengen in den Boden einbringen und ist bei der Berechnung der Düngermenge zu berücksichtigen (Bodenuntersuchung). Nicht zu dicht säen und pflanzen, hilft, Schädlinge und Krankheiten erst gar nicht auf den Plan zu rufen. Dazu gehören auch gezielt und nicht abends gießen, reichlich lüften.

## Chinakohl

Wer mal etwas anderes ausprobieren möchte, kann einen Versuch mit Chinakohl machen. Ausgesät wird satzweise ab Anfang Januar bis Ende Februar mit Pflanzterminen ab Anfang Februar bis Anfang April mit Ernten ab Ende März bis ca. Mitte Mai. Für die Pflanzenanzucht sind »temperierte« Verhältnisse von 14/16°C nötig. Ausgepflanzt, werden 12/14°C

**Schon fast profimäßig:
Gewächshaus und Frühbeet.**

am Tage und nachts bis 3 °C vertragen. Gleichmäßiges Feuchthalten ist wichtig. Düngen: siehe Mittelstarkzehrer, S. 52. Da Luftfeuchtigkeit nicht vertragen wird, rechtzeitig lüften. Als Pflanzenabstand werden 30 × 35 cm empfohlen. Mit 7–8 geernteten Pflanzen/m$^2$ sind etwa 5 kg/m$^2$ zu erreichen. Wenig schoßempfindliche frühe Sorten sind u.a. 'Hongkong', 'Hopkin', 'Cannon', 'Kinap'.

## Feldsalat

Wohlschmeckend und reich an Vitaminen sowie Mineralien ist Feldsalat (Rapunzel, Rapünzchen) das ideale Wintergemüse für den kalten Bereich. Geeignet als Nachkultur, für Bereiche von 5–12 °C. Aussaat ab August bis Oktober. Im unge-

heizten Gewächshaus muß je nach Witterung und Saattermin mit Kulturzeiten bis zu 3 oder 4 Monaten gerechnet werden. Im temperierten Gewächshaus verkürzt sich die Entwicklungszeit. Aussaat in Reihen, 1–2 cm tief, 10 cm Abstand. Saatgutbedarf 2–2,5 g/m$^2$. Das ergibt eine Bestandsdichte von ca. 800–1000 Pflanzen/m$^2$. Stehen die Pflanzen zu dicht, besteht die Gefahr des Mehltaubefalls. Wichtig: Während der ersten 4–6 Wochen gleichmäßig feuchthalten; reichlich lüften. Bei der Sortenauswahl Toleranzen gegen Falschen Mehltau beachten, z.B. 'Vit', 'Elan', 'Jade'. Erntemenge ca. 0,6–1,0 kg/m$^2$. Düngung keinesfalls vorbeugend, meistens enthält der Boden noch genügend Nährstoffe und oftmals zuviel Stickstoff von der Vorkultur!

Links: Chinakohl hat einen festen Platz im Gemüseanbau.

Rechts: Kohlrabi kann fast rund ums Jahr angebaut werden.

## Kohlrabi

Diese Gemüsegattung gehört zu denen, die fast rund ums Jahr angebaut werden können. Bei Aussaat Anfang Januar wird Mitte März gepflanzt und Ende April/Anfang Mai geerntet. Bei satzweisen Aussaaten im Zweiwochenabstand sind Kohlrabi bis in den Juni hinein zu ernten. Für den Herbstanbau Anfang bis Ende August säen; Pflanzungen Anfang bis Ende September mit Ernte von Anfang November bis Mitte Dezember. Experimentierfreudige säen Anfang November, pflanzen Mitte

65

Januar und bringen im März das Gemüse auf den Tisch. Gepflanzt wird $25 \times 25$ cm (16 Pflanzen/m$^2$), hoch pflanzen; die Knollenbasis darf nicht auf dem Boden aufliegen (Fäulnis). Frühjahrspflanzen möchten bei 15/10 °C, Herbstpflanzungen bei 10/6 °C (Tag/Nacht) gehalten werden; Lüftung bei maximal 20 °C betätigen.
Kohlrabi sind Starkzehrer, Düngung siehe S. 52.

## Radies

Radieschen gehören zu den Gewächsen mit kurzer Entwicklungszeit, die schon bald, je nach Anbau und Jahreszeit, geerntet werden können. Damit es auch gelingt, nicht zu dicht säen, sonst bilden sich keine Knollen. Anstatt breitwürfig, lieber in 1 cm tiefe Rillen mit 8–10 cm Abstand, in der Reihe auf 6 cm vereinzeln. Für eine Aussaatdichte von ca. 200 Pflanzen/m$^2$ werden etwa 3 g Saatgut benötigt.

Für die Keimung sind 12–15 °C erwünscht, später genügen dann 10–12 °C tagsüber und nachts 6–8 °C, jahreszeitlich abhängig. Pilzkrankheiten sind durch optimale Kulturführung, Lüften, Heizen, Gießen, zu dichter Stand, vermeidbar. Düngen: siehe Schwachzehrer, S. 52. Radies lassen sich gut mit Kopfsalat kombinieren: Aussaat etwas vor der Pflanzung zwischen den Reihen in Rillen. Sortenauswahl der Jahreszeit angepaßt. Auch eine Vorkultur in Anzuchtgefäßen und späteres Auspflanzen ist möglich.

## Rettich

Es gibt ihn in verschiedenen Farben von Schwarz bis Weiß, über Braun, Violett, Rot, Rosa. Das Längenwachstum der Rettichrübe bedingt eine tiefgründige Bodenvorbereitung mit guter Durchlüftung, sonst sind krumme Rettiche das unerwünschte Resultat. Man kennt Pflanzrettiche (Vorkultur wie bei

**Links: Rettiche aus dem Gewächshaus sind besonders zart.**

**Rechts: Spinat ist eine sinnvolle Ausnutzung des Kalthauses.**

Radies) und Särettiche. Erstere müssen ein langes Hypokotyl haben, damit es eine lange zylindrische Form gibt. Erreicht wird das durch dichte Saat und Wärme. Die bis 7 cm langen Keimstengel werden nach 10–12 Tagen ausgepflanzt. Die Vorkultur in Torftöpfen (2 Korn/Topf, später eine Pflanze entfernen) ist eine weitere Möglichkeit. Als Standweiten gelten: Stückrettiche, z.B. 'Münchner weißer Treib und Setz' $20 \times 20$ oder $20 \times 18$ cm. Bündelrettiche ('Ostergruß', 'Neckarruhm') werden $12 \times 15$ cm gesät, jedoch nicht fortlaufend, sondern in diese Abstände gelegt, jeweils 2 Korn, später vereinzelt. Temperaturansprüche 10/14 °C, nachts 5/7 °C. Gleichmäßige Feuchtigkeit; Luftfeuchtigkeit niedrighalten, daher lüften, sind wichtige Faktoren für den Kulturerfolg. Nährstoffbedarf: mittelstark, S. 52.

# Spinat

Anstatt das Kalthaus leerstehen zu lassen, ist die Ausnutzung mit Spinat sinnvoll. Aussaat November/Dezember. Ernte März/April; mit leichter Heizung etwas früher. Gesät wird in 2–3 cm tiefe Rillen, mit 12–15 cm Abstand und etwa 6 g/m². Mehltaugefahr bei zu dichtem Stand. Als Ernte sind rund 2 kg/m² zu erwarten. Das Gewächshaus muß gut lüftbar sein. Temperatur bei 10–15 °C halten. Ausreichend, aber selten bewässern und darauf achten, daß die Pflanzen bis zum Abend abtrocknen. Düngung: siehe Mittelstarkzehrer, S. 52.

# Winterendivie

Auch hiermit lohnt sich ein Versuch. Die Anzuchtdauer beträgt etwa 7 Wochen für die Frühjahrsernte, wenn Ende Dezember ausgesät wird. Aussaat Mitte August, ab November Erntetermin. Gepflanzt wird 25 × 25 cm. Wasserversorgung und Luftzufuhr wie beim Anbau von Kopfsalat. Nach dem Gießen müssen die Pflanzen bis zum Abend trocken sein (Fäulnis).

**Das »Saisonende« kündigt sich an: Während die Tomaten noch reifen, trocknen schon die Zwiebeln von den Gartenbeeten.**

Temperaturen um 10 °C genügen, auch darunter bis 5 °C. Außer der Vorkultur ist direkte Aussaat in Reihen 1,5 cm tief mit 30 cm Abstand möglich. Vereinzelt wird auf ebenfalls 30–35 cm in der Reihe. Endivien sind Mittelstarkzehrer (S. 52). Zu empfehlende Sorten: 'Diva', 'Sperlings Jeti', 'Bubikopf'.

# Zwiebeln

Wir kennen sie aus dem Beetanbau im Garten, können sie aber auch im Gewächshaus als »Mitläufer« kultivieren. Aussaat Februar/März oder im August, aber auch in der übrigen Zeit. Wie auch im Garten lange Keimzeit (14–25 Tage). Dünne Aussaat, nicht flächig, sondern in Rillen, am Rande bei anderen Gemüsearten. Später dann auf

3–4 cm vereinzeln. Umgerechnet werden im Schnitt 120 Stück/m² geerntet. Düngung: Mittelstarkzehrer, S. 52. Ebenso wird auch mit Steckzwiebeln verfahren. Wir können sie auch in Zeitabständen in Gefäße stecken, dann ist stets frisches Zwiebellauch verfügbar.

Für den noch ungeübten Gewächshausanbauer sind einfacher zu kultivierende Gemüsearten vorteilhafter. Zu empfehlen ist auf jeden Fall einen Anbauplan anzufertigen, aus dem die Flächeneinteilung der Gemüsegattungen mit Düngeraufwandmengen hervorgeht, damit bei Folgeanbauten die Fruchtfolge eingehalten wird.

# Gemüse für Fortgeschrittene

## Kopfsalat

Je lichtreicher die Tage sind, desto kürzer sind die Entwicklungszeiten: Aussaat im November mit Pflanzung im Januar und Ernte Ende März beansprucht ca. 100 Tage, die bei Anzuchtbeginn im März, Pflanzung im April und Ernte im Mai nur die reichliche Hälfte an Zeit erfordert. Salat benötigt viel Licht, deshalb ist der Anbau im Herbst/Winter nicht ganz einfach. Hingegen sind die Temperaturansprüche eher bescheiden: Frühjahr 12/15°C tags und 6/8°C nachts werden vertragen. Lüften ab 18°C. Gepflanzt wird 20 × 20 cm. Nicht zu tief pflanzen (Fäulnis). Die Sorten wechseln rasch infolge der Bemühungen um Resistenzen gegen Falschen Mehltau, Blattbrand, Salatfäule. Bei der Auswahl zu beachten: Eignung für den Frühjahrs-, Sommer-, Herbstanbau. Gießen am Vormittag, damit die Pflanzen bis zum Abend trocken sind (Fäulnis). Als Alternative für den Winter ist Schnittsalat (15 cm Reihenabstand) zu empfehlen. Salat zählt zu den Schwachzehrern (S. 52).

## Paprika

Die Ansprüche sind, was die Temperatur anbetrifft, ähnlich der Tomaten; liegen also bei 20°C am Tag und ca. 16°C in der Nacht. Auch hier die Pflanzen möglichst trockenhalten. Schwitzwasserbildung im Gewächshaus führt zu Fäulnis an Blüten und Früchten. Der Anbau ist auch entsprechend später, im temperierten Gewächshaus; ab Mai im Haus ohne Heizung möglich. Die Jungpflanzen werden in Kisten 5 × 5 cm pikiert, besser gleich in 8-cm-Töpfe gesetzt und dann im Abstand von 40 × 50 cm ausgepflanzt. Die Anzucht dauert etwa 10 Wochen, bis der Paprika pflanzfertig ist. Bis zur ersten Blüte sollen 9 Blätter gebildet sein. Von der Pflanzung bis zur

**Paprika hat ähnliche Ansprüche an das Gewächshausklima wie Tomaten.**

Ernte sind es jedoch nur ca. 6–8 Wochen. In dieser Wachstumszeit sorgen wir für reichlich Wasser und achten auf Schädlinge. Auch hier bewährt sich Boden- oder Vegetationsheizung, denn Bodentemperaturen unter 10 °C hemmen das Wachstum. Paprika sind Starkzehrer (S. 52). Hochwachsende Sorten stützen.

## Stangenbohnen

Ein Versuch ist lohnend. Zur Anzucht (Dauer ca. 2 Wochen) werden jeweils 3 Bohnen in 8-cm-Töpfe gesteckt. Zur Keimung 20 °C. Später wie bei Tomaten während der Kultur 15/18 °C. Regelmäßig lüften. Der Boden soll locker und humos sein. Stickstoffdüngung ist meistens nicht nötig (mastiges Blattwachstum). Pflanzenabstand 50 × 40 cm. Frühzeitiges Aufleiten der Ranken an Schnüre, Spanndraht usw. Entspitzen der Haupttriebe fördert die Bildung von Seitentrieben, des Blütenansatzes und begünstigt den Lichtdurchlaß, was den Ertrag steigern hilft. Kräftiges Wässern sollte erst nach der Blütenbildung einsetzen. Dieser Trick trägt dazu bei, daß die jungen Früchte an der Pflanze bleiben und nicht in übergroßem Maße abgestoßen werden. Bewässern von unten, nicht die Blätter benetzen (Tröpfchenbewässerung). Aprilpflanzungen ergeben Ernten (ca. 4 kg/m$^2$) von Juni bis Ende Juli. Spätere Anbautermine lassen die Boh-

nenernte bis in den Herbst ausdehnen. Buschbohnen sind mit bis 1,5 kg/m$^2$ weniger ertragreich. Temperaturgestaltung wie Stangenbohnen.

## Melonen

Wird schon Mitte Januar ausgesät, kann Mitte März gepflanzt und Ende Mai geerntet werden. Spätere Aussaat (Anfang April) verkürzt die Anzuchtzeit. Ernte ab Juli. Aussaat, wie bei Gurken, gleich in Töpfe. Keimtemperatur nicht unter 20 °C, besser 25–30 °C (heizbares Anzuchtgefäß). Gepflanzt im allseitigen Abstand von 80 cm in gut

**Stangenbohnen im Gewächshaus (Sorte 'Fortissima').**

vorbereiteten Boden. Melonen zählen zu den Starkzehrern (S. 52). Bodenwärme 15/18 °C, Tagestemperatur 25 °C, in der Nacht 12/15 °C (Vegetationsheizung).

Bei Frühanbau ist die Bestäubung durch Bienen nicht sicher. Deshalb mit dem Pinsel nachhelfen: Den Pollen männlicher Blüten auf die weibliche Narbe übertragen. Über dem 5. Blatt wird entspitzt; Seitentriebe nach dem 6. Blatt. Man beläßt der Pflanze 4 Triebe.

# Favoriten im Gemüseabteil

## Auberginen (Eierfrucht)

Diese der Tomate und dem Paprika verwandte Gemüseart beansprucht gleichmäßige Wärme. Aussaat Ende Februar bis April, später in kleine Töpfe setzen. Wärmeansprüche nach dem Anwachsen ca. 16/18 °C, temperiertes oder Warmhaus. In das Kalthaus ab Mitte Mai pflanzen, im Abstand von 50×50 cm. Zu empfehlen ist, wie bei Tomaten, das Anbinden der Pflanzen an Pfähle oder das zweitriebige Hochleiten an Schnüren. Haupttrieb(e) nach dem 6. Blatt köpfen und alle zwei Wochen überflüssige Seitentriebe entfernen. Geerntet wird ab Mitte August. Bewässerung von unten, reichlich lüften. Stark- bis Mittelstarkzehrer, Düngung siehe S. 52.

## Gurken

Pflanzen für den zeitigen Anbau besorgt man sich am besten beim Gärtner. Gurken haben spezielle Wünsche an Wärme und Luftfeuchtigkeit, die um 80–90% liegen soll. Die Temperatur kann tagsüber bis 25 °C und nachts von 18–20 °C hoch sein. Gurken bekommen einen Abstand von 40–50 cm. Der

**Auberginen ähneln in den Ansprüchen den Tomaten, sind jedoch wärmebedürftiger.**

Reihenabstand beträgt 1 m, also 2 Reihen für ein 3 m breites Gewächshaus. Die Erde soll locker, humos, nahrhaft sein, aus gutem grobbrockigen Kompost bestehen, Starkzehrer, S. 52. Am besten setzt man die Pflanzen auf Hügel und überzieht diese später öfter mit Erde, wenn sich Wurzeln an der Oberfläche zeigen. Bodenwärme (15 °C); Stallmistpackung oder Vegetationsheizung beeinflußt das Wachstum positiv. Einige Tage nach dem Pflanzen befestigen wir über dem Wurzelhals Schnüre und binden die-

se an die Gewächshauskonstruktion. Haben die Pflanzen das Dach erreicht, den Haupttrieb kappen. Erneutes Einkürzen der Seitentriebe nach dem 1. Blatt und dem 1. Fruchtansatz. Luftfeuchtigkeit ist wichtig (Elektroluftbefeuchter). Es geht aber auch mit Wasser, das man auf Wege und Erde spritzt. Zur Kontrolle gehört ein Hygrometer ins Haus. Gelüftet wird wenig; nach dem Auspflanzen einige Tage gar nicht. Gurken brauchen viel Wasser (Tröpfchenbewässerung), 600 Liter/Pflanze/Vegetationsperiode. Spätkultur im Herbst und Winter ist heikel und heizkostenintensiv.

Bei den Sorten der Haus- und Treibgurken auf Resistenz gegen Echten Mehltau achten, ferner auf das Prädikat »parthenocarp« (jungfernfrüchtig), es entfällt die Bestäubung. Mit veredelten Gurken auf Sämlinge des Feigenblattkürbis kaum Gurkenwelke.

## Tomaten

Ausgesät in Schalen, Töpfen, Kisten werden sie je nach Anbauplanung von Januar bis April, für Auspflanztermine von März bis Juni mit Erntezeiten von Juli bis Dezember. Keimdauer 2 Wochen bis 20 °C. Kühlere Anzuchttemperatur verlängert die Anzuchtperiode. Zu erwartende Erntemenge bis 10 kg/m². Tomaten 40 × 40 bis 50 cm Abstand gepflanzt, gedeihen am besten bei reichlicher Luftzufuhr und trockener Luft; die Pflanzen nicht mit Wasser benetzen. Tomaten wollen hell stehen, nicht schattiert sein. Regelmäßig gießen und flüssigen organischen oder mineralischen Volldünger verabreichen.

**Tomaten stehen auf der Beliebtheitsskala der Gewächshausgärtner ganz oben.**

Der Fruchtansatz ist von der Temperatur abhängig, nicht unter 12 °C. Als günstig zur Keimung der Pollenkörner wurde der Bereich von 20–28 °C ermittelt, während über 30 °C die Pollen degenerieren. Es macht also durchaus nichts aus, wenn die Temperatur sich gelegentlich im Bereich um 20 °C befindet.

Tomatenpflanzen werden an Spanndraht und Schnüren befestigt und laufend ausgegeizt. Auf gleichmäßige Feuchtigkeit achten, am besten Tröpfchenbe-

wässerung, da sonst die Blüten abgestoßen werden. Damit Früchte angesetzt werden, an den Blütenständen 3mal in der Woche rütteln, bei Sonnenschein 2mal. Damit wird die Bestäubung unterstützt. Sorgen wir weiterhin für angemessene Temperatur und reichlich Luft und Luftfeuchte zwischen 60 und 70%, denn unter 50% relative Luftfeuchte vertrocknen die Keimschläuche der Pollen und über 80% verkleben die Pollenkörner. Tomaten sind ausgesprochene Starkzehrer (S. 52).

# Gewürzkräuter

Die meisten Gewürzkräuter sind einjährig. Wir kennen sie, wie auch die mehrjährigen, aus dem Garten. Das Gewächshaus bietet die Möglichkeit, frische Kräuter auch in der kalten Jahreszeit zu liefern.

## Kresse

Wegen der raschen Entwicklung kann Kresse von Herbst bis zum Frühjahr im zweiwöchigen Abstand ausgesät und verbraucht werden. Üblich ist die Saat in Kistchen und Schalen; möglich aber auch im Grundbeet Reihenabstand 8–10 cm. Kresse wird stets dicht gesät (80 g/m$^2$). Ratsam ist auch die Bedeckung der Saat mit einer 3 mm hohen Sandschicht, wodurch die braunen Samenschalen »festgehalten« werden.

## Dill

Dill wird im Reihenabstand von 15 cm, wohl besser nur in einer Reihe im Grundbeet, vielleicht als Einfassung, gesät (8 g/m$^2$). Am besten satzweise, damit in der vitaminarmen Zeit stets frischer Dill vorhanden ist. Die Wärmeansprüche sind mit 15/10 °C Tag/Nacht gerade richtig für das temperierte Gewächshaus. Dill braucht wie die meisten anderen Kräuter kaum Dünger.

## Schnittlauch

Schnittlauch ist ausdauernd und frosthart. Ausgesät wird im Frühjahr im Gewächshaus. Um Pflanzen für 1 m$^2$, Abstand 20 × 15 cm, heranzuziehen, braucht man 2 g Samen. Ausgepflanzt wird büschelweise (15–20 Einzelpflanzen). Im darauffolgenden Jahr werden die Wurzelballen ausgegraben und zum Treiben im Gewächshaus (unter den Tischen) eingeschlagen. Vorher müssen sie unbedingt Frosteinwirkung gehabt haben.

## Petersilie

An sich auch eine Pflanze des Gartens, eignet sich gut zur Vorkultur. Aussaat Februar/März im temperierten Haus 8–10 °C. In kleine Töpfe gesät, sind die Pflanzen dann büschelweise in den Garten zu pflanzen. Die andere Möglichkeit ist der ständige Anbau rund ums Jahr, um stets das frische Grün zu haben. Wurzelpetersilie ist wie Schnittlauch unter den Gewächshaustischen »anzutreiben«.

Mit anderen Gewürzkräutern läßt sich recht gut experimentieren, und Versuche mit winterharten Kräutern zum Verfrühen sind ebenso zu empfehlen, wie die Aussaat einjähriger Gewürze.

Schnittlauch muß Frosteinwirkung haben, bevor er zum »Treiben« unter dem Tisch aufgestellt wird.

# Platzausnutzung unter den Tischen

Der Platz unter den Gewächshaustischen sollte sinnvoll genutzt werden.

Petersilienwurzeln von den Gartenbeeten werden so weit in die Erde gesteckt, daß nur die Köpfe herausschauen. Auch Wurzeln, in 12/14 cm große Töpfe gesteckt, liefern schon bei 10 °C den ganzen Winter hindurch genügend frisches Petersiliengrün für eine vierköpfige Familie.

Schnittlauch versorgt uns in der vitaminarmen Jahreszeit mit würzigem und mineralstoffreichem Beiwerk für die Küche. Man wählt starke Ballen, gräbt sie im Herbst aus, läßt den Frost einwirken und bringt sie nach und nach ins Gewächshaus. Eine mehrstündige Warmwasserbehandlung bei 40 °C erhöht die Treibfähigkeit des Schnittlauchs.

Lauchzwiebeln können den Haushalt den ganzen Winter über versorgen. Für 100 Zwiebeln werden 1–1,2 kg Steckzwiebeln, 2,5–3,5 cm Durchmesser, benötigt. Sie fallen bei der Zwiebelernte an. Im Abstand von 5 × 8 cm, satzweise gepflanzt, liefern sie fortlaufend frischen Zwiebellauch.

Chicorée bringt etwa 8 kg Sprosse/m², wenn ca. 150 Wurzeln/m² eingeschlagen werden. Das Treiben beginnt Anfang Dezember und erfolgt satzweise für eine längere Erntezeit. Die

Erde wird 20 cm tief ausgehoben; die Wurzeln im Abstand von 5 cm reihenweise eingeschlagen. Nach dem Wässern wird der Einschlag 25 cm hoch mit lockerem erdigem Substrat bedeckt. Bei einer Bodentemperatur von 10–15 °C (Bodenheizung) beginnt nach 3–4 Wochen die Ernte. Die bis 25 cm langen, gebleichten Sprosse werden geerntet, indem man die einzelnen Reihen vorsichtig freilegt.
Die Chicoréewurzeln gewinnt man im Freilandanbau durch Aussaat (8–10 g Samen/10 m²). Bei einem Reihenabstand von 25–30 cm wird in der Reihe auf 10–15 cm vereinzelt. Für 1 m² Treibfläche benötigt man 30 m² Freilandfläche.

Rhabarber. Verwendet werden dreijährige Pflanzen. Die Klumpen werden vor dem Treiben dem Frost ausgesetzt. Für 1 m² Fläche brauchen wir 8 Rhabarberpflanzen. Gleichmäßige Feuchtigkeit. Erntebeginn 4 bis 6 Wochen nach dem Einräumen, etwa 10 kg/m². Abgetriebene Klumpen setzt man im März in den Garten und kann sie nach 3 Jahren wieder zum Treiben benutzen.

Pilzzucht. Außer Champignons eignen sich Austernpilze für den Platz unter den Tischen. Im Gartenfachhandel gibt es die Pilzbrut. Sie wird auf durchfeuchtetes Stroh ausgebreitet, mit Erde bedeckt und gelegentlich überbraust. Nach 6–8 Wochen kann geerntet werden.

# Anzucht – Ansprüche – Behandlung

# Sommerblumen

Die Zeitabläufe für die Anzucht-dauer (Zeit von der Aussaat über Keimung, Pikieren oder Eintopfen in Gefäße bis zum Auspflanzen) sind bei den verschiedenen Pflanzengattungen unterschiedlich. Ausgesät wird in Kisten, Töpfe, Schalen mit Anzuchterde. Später pikiert, am besten gleich in kleine Töpfe, wegen der Bildung von Wurzel-ballen. Dann gibt es keinen Auspflanzschock und die Pflanze kann gleich weiterwachsen. Saatzeiten, Temperaturansprüche und die weitere Behandlung erfordern Einfühlungsver-

mögen und Fingerspitzengefühl nach vorgegebenen Terminen und Richtwerten auf der Basis praxisüblicher Kulturdaten. Variationen aufgrund persönlicher Erfahrungen durch positive oder negative Bedingungen können Abweichungen ergeben.

**Der Stolz des Gewächshaus-gärtners: selbstherangezogene »Fleißige Lieschen« (Impatiens).**

Es gibt ein- und zweijährige Gattungen. Einjahrsblumen sind Gewächse, deren Pflanzenleben nur ein Vegetationsjahr währt. Es gibt welche mit und ohne Vorkultur. Letztere werden direkt auf die Beete gesät. Wer Spaß daran hat, kann auch diese Pflanzenarten im Gewächshaus heranziehen. Dadurch setzt der Blüteflor eher ein. Zweijährige Sommerblumen (Zweijahresblumen) überwintern nach der Anzucht und blühen im zweiten Jahr (z.B. Goldlack, Stiefmütterchen, Vergißmein-nicht, *Bellis*).

## Angaben zur Vorkultur bekannter Einjahresblumen

(Einige Arten wie *Clarkia, Godetia, Nigella, Phacelia, Tropaeolum* u.a. können ohne Vorkultur im Mai auch direkt ins Freiland gesät werden.)

| Name botanisch | deutsch | Aussaatzeit Febr. | März | April | Samenzahl je g | Keimzeit in Tagen |
|---|---|---|---|---|---|---|
| *Ageratum* | Leberbalsam | x | x | – | 5000 | 8–10 |
| *Alcea* | Stockrose | – | x | x | 100 | 10 |
| *Amaranthus* | Fuchsschwanz | – | x | x | 1500 | 15 |
| *Anthirrhinum* | Löwenmaul | x | x | – | 6000 | 15–20 |
| *Arctotis* | Bärenohr | – | – | x | 400 | 15–20 |
| *Artemisia* | Beifuß | – | x | x | 30000 | 10 |
| *Asarina* | Schlinglöwenmaul | x | – | – | 2000 | 10–14 |
| *Begonia* | Begonie | x | – | – | 80000 | 12 |
| *Brachycome* | Kurzschopf | – | x | – | 6000 | 15–20 |
| *Browallia* | Browallie | – | x | – | 350 | 15 |
| *Celosia* | Hahnenkamm | – | x | – | 1200 | 10 |
| *Clarkia* | Sommerfuchsie | – | x | – | 3000 | 12 |
| *Cleome* | Spinnenpflanze | – | x | – | 4000 | 15 |
| *Cobaea* | Glockenrebe | – | x | – | 15 | 12 Kl. |
| *Coreopsis* | Mädchenauge | – | x | – | 3500 | 15 |
| *Cosmea* | Schmuckkörbchen | – | x | x | 250 | 12 |
| *Dolichos* | Arab. Purpurbohne | – | x | – | 5–10 | 12 Kl. |
| *Euphorbia* | Wolfsmilch | – | x | – | 60 | 15 |
| *Gaillardia* | Kokardenblume | – | x | – | 400 | 15 |
| *Gazania* | Gazanie | – | x | – | 200 | 10–15 |
| *Godetia* | Atlasblume | – | x | – | 3500 | 15 |
| *Helichrysum* | Strohblume | – | x | x | 1300 | 10–14 |
| *Humulus* | Japanischer Hopfen | x | x | – | 60 | 12–20 Kl. |
| *Impatiens* | Fleißiges Lieschen | – | x | x | 120 | 10 |
| *Ipomoea* | Prunkwinde | – | x | x | 50 | 15 Kl. |
| *Kochia* | Sommerzypresse | – | x | x | 1200 | 15 |
| *Lathyrus* | Wicke | – | x | x | 12 | 15–20 Kl. |
| *Lobelia* | Männertreu | x | x | – | 30000 | 15–20 |
| *Malope* | Sommermalve | – | x | x | 300 | 14 |
| *Matthiola* | Levkoje | – | x | x | 700 | 15 |
| *Mimulus* | Gauklerblume | – | x | x | 30000 | 14 |
| *Mirabilis* | Wunderblume | – | x | x | 10 | 10–15 |
| *Nigella* | Jungfer im Grünen | – | x | x | 500 | 10–14 |
| *Petunia* | Petunie | x | x | – | 6000 | 10–14 |
| *Phacelia* | Büschelschön | – | x | – | 600 | 14–20 |
| *Phlox drummondii* | Flammenblume | – | x | – | 400 | 10–18 |
| *Portulaca* | Portulakröschen | – | x | – | 10000 | 15 |
| *Salpiglossis* | Brokatblume | – | x | – | 4500 | 12–15 |
| *Salvia* | Salbei | – | x | – | 400 | 10–15 |
| *Sanvitalia* | Husarenkopf | – | x | – | 1200 | 15 |
| *Scabiosa* | Witwenblume | – | x | – | 300 | 12–20 |
| *Schizanthus* | Spaltblume | x | x | – | 1500 | 15 |
| *Tagetes* | Studentenblume | – | x | x | 300 | 10 |
| *Thunbergia alata* | Schwarzäugige Susanne | x | – | – | 50 | 10–14 Kl. |
| *Tropaeolum* | Kapuzinerkresse | – | x | x | 8–20 | 12–16 Kl. |
| *Verbena* | Eisenkraut | x | x | – | 300 | 15–21 |
| *Zinnia* | Zinnie | – | x | x | 150–400 | 4–6 |

Kl. = Kletterpflanze

# Stauden

Diese sind mehrjährige, also ausdauernde, winterharte Blüten- und Blattgewächse. Die unverholzte Sproßachse stirbt alljährlich ab und erneuert sich in jedem Jahr aus in der Erde oder darüber liegenden Knospen. Stauden überwintern u.a. durch Rhizome, Wurzelstöcke, Rosetten, Ausläufersprossen. Viele können vegetativ, z.B. durch Teilen, Stecklinge, Rißlinge, vermehrt werden. Staudenfreunde mit Gewächshaus säen selbst aus. Seltenere Gattungen und Arten sind eher als Saatgut erhältlich und es sind größere Mengen heranzuziehen.

Wie Sommerblumen, säen wir Stauden auch in Schalen, kleine Kisten oder Töpfe. Der mit einer dünnen Sandschicht bedeckte Samen wird gleichmäßig feuchtgehalten.

Die in der Tabelle mit + gekennzeichneten Gattungen sind sogenannte Kaltkeimer oder Frostkeimer. Sie bedürfen einer besonderen Behandlung. An ihrem natürlichen Standort fallen die Samen dieser meist alpinen Pflanzen im Herbst auf den noch nicht gefrorenen Boden und überwintern unter einer Schneedecke. Die Stimulierung der Keimung wird bei wechselnden Temperaturen zwischen 0 und +5 °C erreicht.

Daher ist es zweckmäßig, den Samen vorzuquellen und die Aussaatgefäße für 2–3 Wochen bei 10–15 °C aufzustellen und sie danach mit Schnee abzudekken. Das ist sicher möglich, weil die meisten Kaltkeimer von November bis Februar ausgesät werden. Das Adonisröschen bildet eine Ausnahme, weil der Samen, gleich nach der Ernte ausgesät, problemlos keimt. Ansonsten ist auch hier die Behandlung als Frostkeimer erforderlich.

**Auch Tränendes Herz (Dicentra) kann selbst herangezogen werden.**

# BLUMEN UND ZIERPFLANZEN

## Stauden

| Botanischer Name | Deutscher Name | Aussaatzeit Monat/e | Empfohlene Keimtemperatur in °C | Keimdauer Tage |
|---|---|---|---|---|
| Achillea | Schafgarbe Edelgarbe | Febr.–April | 18 | 15–20 |
| Aconitum | Eisenhut | Jan.–März | 14 + | 35–50 |
| Adonis vernalis | Adonisröschen | Mai–Aug. | 15 + | 30–50 |
| Alyssum | Steinkraut | März–Mai | 18 | 14–21 |
| Anemone pulsatilla | Küchenschelle | Okt.–März | 16 + | 35–50 |
| Aquilegia caerulea | Akelei | Jan.–Mai | 18 | 20–35 |
| Arabis caucasica | Gänsekresse | Jan.–Juni | 15 | 20–30 |
| Armeria maritima | Grasnelke | Jan.–Juni | 15 | 20–30 |
| Aster | Staudenastern | Dez.–Juni | 15–18 | 14–20 |
| Bergenia | Bergenie | Dez.–Juni | 18 | 20–30 |
| Campanula | Staudenglockenblume | Dez.–April | 18 | 15–30 |
| Centaurea | Flockenblume | Jan.–Juni | 18 | 10–14 |
| Cerastium | Hornkraut | Dez.–Juli | 18 | 14–30 |
| Chrysanthemum maximum | Wiesenmargerite | Jan.–Mai | 18 | 12–20 |
| Coreopsis grandiflora | Mädchenauge | Jan.–Juni | 18 | 15–21 |
| Delphinium | Staudenrittersporn | Dez.–Juni | 15 | 20–30 |
| Dianthus plumarius | Federnelke | März–Juli | 15 | 7–14 |
| Dicentra | Tränendes Herz | Aug.–Okt./ Jan.–März | 18 + | 15–20 |
| Digitalis | Fingerhut | März–Juni | 18 | 15–20 |
| Dodecatheon | Götterblume | Okt.–März | 18 + | 20–40 |
| Doronicum | Gemswurz | Febr.–Mai | 15 | 15–21 |
| Erigeron | Berufkraut | Febr.–April | 15 | 20–30 |
| Gaillardia aristata | Kokardenblume | April–Juli | 18 | 14–20 |
| Gentiana | Enzian | Dez.–März | 18 + | 25–40 |
| Geum | Nelkenwurz | Febr.–Mai | 18 | 20–30 |
| Gypsophila | Schleierkraut | März–Juli | 16 | 14–20 |
| Helenium | Sonnenbraut | Jan.–Juni | 16 | 14–20 |
| Heuchera | Purpurglöckchen | Dez.–April | 18 | 10–20 |
| Iberis sempervirens | Schleifenblume | Jan.–Mai | 15 | 14–20 |
| Kniphofia | Fackellilie | Jan.–Mai | 18 | 14–20 |
| Lathyrus latifolius | Staudenwicke | Jan.–Mai | 15 | 15–25 |
| Lavandula | Lavendel | Dez.–März | 20 | 14–20 |
| Liatris spicata | Prachtscharte | Jan.–Juni | 18 | 20–30 |
| Lupinus polyphyllus | Staudenlupine | Dez.–Juni | 16 | 14–20 |
| Lychnis | Licht-, Pechnelke | Jan.–Mai | 18 | 14–25 |
| Phlox paniculata | Staudenphlox | Dez.–März | 18 | 20–35 |
| Physostegia virginiana | Gelenkblume | Jan.–Mai | 16 | 20–25 |
| Primula | Staudenprimel | Febr.–Mai | 15 | 18–30 |
| Rudbeckia | Sonnenhut | Jan.–Juni | 18 | 15–20 |
| Salvia | Salbei | Jan.–Mai | 20 | 14–20 |
| Sedum | Fette Henne | Febr.–Mai | 15 | 14–20 |
| Trollius | Trollblume | Dez.–März | 15 + | 20–30 |
| Veronica | Ehrenpreis | Febr.–Mai | 18 | 14–20 |
| Viola cornuta | Hornveilchen | Febr.–Aug. | 18 | 15–25 |

Als Saatgutmenge genügen oftmals Portionen, denn von manchen Gattungen ergeben 1/2 g Samen gar 1000 Pflanzen.

# Beet- und Balkonpflanzen

Pflanzen für Beete und Rabatten sowie für Blumenkästen und Schalen, Kübel sind einjährige Gewächse, die alljährlich wieder von neuem herangezogen werden müssen. Manche, wie z.B. Pelargonien werden oftmals überwintert und im Nachwinter zu neuem Leben erweckt. Das gelingt sicher, aber schon im zweiten Überwinterungsjahr verliert die Pflanze an

Attraktivität. Viel besser ist es, junge Pflanzen aus Stecklingen zu gewinnen, wobei die überwinterten, wie der Gärtner sagt, als Mutterpflanzen fungieren. Am ehesten noch sind Fuchsien über den Winter zu bringen, wie es ja auch mit Hochstämmen praktiziert wird. Aber auch hier gelingt die Vermehrung durch Stecklinge ebenso wie bei Verbenen und Lantanen.

Andere Gewächse für diesen Verwendungszweck, und das sind die meisten der dafür in Betracht kommenden Gattungen und Arten, werden generativ, d.h. durch Samen vermehrt. Der Bedarf an Beet- und Balkonpflanzen richtet sich nach dem für die Bepflanzung zur Verfügung stehenden Platz. Aber auch die Lage zur Himmelsrichtung ist ein Kriterium, denn es wäre wenig hilfreich eine Menge Fuchsien und Knollenbegonien heranzuziehen, wenn der endgültige Standort

## Eine Auswahl gebräuchlicher Pflanzen für Beet und Balkon

| Name botanisch | deutsch | Vermehrung durch | wann? | Keimdauer Tage |
|---|---|---|---|---|
| Ageratum houstonianum | Leberbalsam | Aussaat | Febr.–März | 8–10 |
| Alyssum maritmum (Lobularia) | Duftsteinrich | Aussaat | Febr.–April | 8–14 |
| Begonia semperflorens | Begonie | Aussaat | Dez.–Febr. | 20–22 |
| Begonia tuberhybrida | Knollenbegonie | Aussaat/ Knollen | Dez.–Febr. | 22–24 Samen |
| Calceolaria integrifolia | Pantoffelblume | Aussaat | Dez.–Febr. | 15–20 |
| Celosia argentea | Hahnenkamm | Aussaat | Febr.–April | 7–14 |
| Chrysanthemum paludosum, C. multicaule, C. frutescens | Zwerg-Wucherblume, versch. Arten | Aussaat | Jan.–März | 10–14 |
| Exacum affine | Blaues Lieschen | Aussaat | Dez.–Mai | 14–20 |
| Fuchsia | Fuchsie | Steckling | Jan.–Febr. | 12 Bewurzelungszeit |
| Heliotropium arborescens | Vanilleblume | Aussaat | Jan.–März | 14–20 |
| Impatiens walleriana | Fleißiges Lieschen | Aussaat/ Steckling | Jan.–April | 10–18 |
| Lantana Camara-Hybriden | Wandelröschen | Steckling | Okt.–Nov. | – |
| Lobelia erinus | Männertreu | Aussaat | Jan.–März | 7–14 |
| Pelargonium-Zonale- und Peltatum-Hybriden | Pelargonien | Steckling/ Samen | Aug.–Sept. Dez.–Jan. | 10–14 Bewurzelungszeit |
| Petunia | Petunien | Aussaat | Jan.–März | 10–14 |
| Salvia splendens | Feuersalbei | Aussaat | Jan.–März | 10–15 |
| Sanvitalia procumbens | Husarenknopf | Aussaat | März–April | 7–15 |
| Tagetes erecta | Studenten-/ | Aussaat | Febr.–April | 7–14 |
| Tagetes patula | Sammetblume | Aussaat | Febr.–April | 7–14 |
| Verbena-Hybriden | Eisenkraut | Aussaat/ Steckling | Febr.–April Aug.–Sept. | 20–30 |

in voller Sonne läge. Diese gedeihen im Halbschatten und auch noch in schattigen Lagen. Volle Sonne vertragen u.a. Pelargonien, Verbenen, Lantanen, Salvien.

Petunien, Pantoffelblumen, Fleißiges Lieschen *(Impatiens)*, *Semperflorens*-Begonien vertragen warme Lagen, möchten aber vor direkter, heißer Sonneneinstrahlung geschützt sein.

**Oben: Coreopsis (Mädchenauge), eine Gattung, die es als Staude und Einjahrsblume gibt.**

**Unten: Fuchsien stehen in der Gunst von Gewächshausgärtnern ganz oben.**

| Empfohlene Keimtemp. in °C | Blütezeit | Wuchshöhe in cm | sonnig ○ | halbschattig ◐ | schattig ● |
|---|---|---|---|---|---|
| 18–21 | Juni–Okt. | 15 | ○ | | |
| 18–22 | Juni–Okt. | 10 | ○ | ◐ | |
| 15–20 | Mai–Okt. | 10–15 | ○ | ◐ | |
| 15–20 | Mai–Okt. | 15 | ○ | ◐ | |
| 15 | Mai–Okt. | 20–40 | ○ | ◐ | |
| 18 | Juni–Okt. | 20 | ○ | | |
| 12–18 | Juni–Okt. | 25–30 | ○ | ◐ | |
| 18 | Mai–Okt. | 15–20 | ○ | ◐ | |
| 20 | Mai–Okt. | sortenabhängig | | ◐ | |
| 18 | Mai–Okt. | 40 | ○ | | |
| 20 | Mai–Okt. | 15/20/30 | ○ | ◐ | |
| 10–12 | April–Okt. | 30–50 | ○ | ◐ | |
| 18 | April–Okt. | 10/20/30 | ○ | | |
| 15–18 | Mai–Okt. | aufrecht bis 30, hängend bis 100 cm Triebe | ○ | | |
| 18–20 | Mai–Okt. | 20–30 | ○ | ◐ | |
| 20 | Mai–Okt. | 25 | ○ | | |
| 18 | Mai–Okt. | 20 | ○ | ◐ | |
| 18 | Mai–Okt. | 60–90 | ○ | ◐ | |
| 18 | Mai–Okt. | 20–30 | ○ | ◐ | |
| 15–21 | Mai–Okt. | 15–45 | ○ | | |

# Zimmer- und Kübelpflanzen

Manche Pflanzen gedeihen nur an warmen Plätzen.

Andere mögen mäßig »temperierte« Verhältnisse. Noch andere wollen es ausgesprochen kühl haben. Viele verlangen nur im Winter, in der lichtarmen Zeit Kühle und benötigen im Frühjahr bis zum Herbst mehr Wärme. Gewächse aus den Tropen haben sich den heimatlichen Lebensrhythmus auch in der »Zivilisation« erhalten. Sie verlangen höhere Temperaturen und viel Luftfeuchtigkeit. Diese Bedürfnisse sind nicht nur von Pflanzenfamilie zu Pflanzenfamilie unterschiedlich, sondern auch innerhalb der Gattungen. Abweichungen in den Ansprüchen erfordern Wissen und Einfühlungsvermögen.

Erschöpfende Auskünfte über die Lebensgewohnheiten aller gebräuchlichen Gewächshauspflanzen können in diesem Buch nicht gegeben werden. Dem Interessierten steht eine reichhaltige Spezialliteratur zur Verfügung, um sich eingehend zu informieren, so z.B. in dem BLV-Gartenberater »Gärtnern unter Glas und Folie« von Jacobi/Mierswa. Damit Sie sich über Wärmebedürfnisse und sonstige Ansprüche orientieren können, sind in gedrängter Form wichtige Zierpflanzen, die man im Gewächshaus kultivieren kann, mit entsprechenden Hinweisen tabellarisch aufgeführt. Diese Zusammenstellungen können nur zu einer groben Orientierung dienen. Manche Gattungen haben viele Arten, die an Wärme, Luftfeuchtigkeit, Licht und Luft unterschiedliche Ansprüche stellen und auch hinsichtlich der Ruhezeiten anders behandelt sein wollen.

Sehr viele Gewächse machen Wachstums- und Ruhezeiten durch, die in der freien Natur

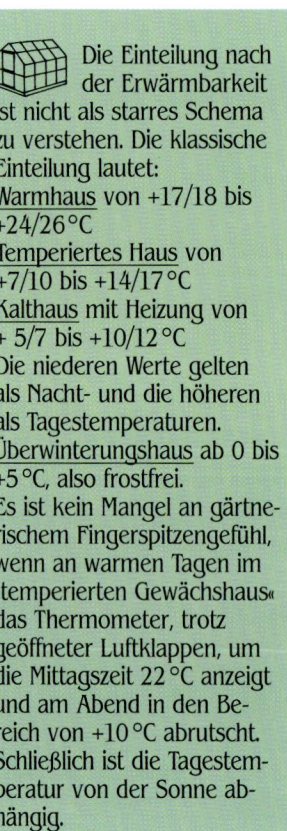

Die Einteilung nach der Erwärmbarkeit ist nicht als starres Schema zu verstehen. Die klassische Einteilung lautet:

Warmhaus von +17/18 bis +24/26 °C

Temperiertes Haus von +7/10 bis +14/17 °C

Kalthaus mit Heizung von + 5/7 bis +10/12 °C

Die niederen Werte gelten als Nacht- und die höheren als Tagestemperaturen.

Überwinterungshaus ab 0 bis +5 °C, also frostfrei.

Es ist kein Mangel an gärtnerischem Fingerspitzengefühl, wenn an warmen Tagen im »temperierten Gewächshaus« das Thermometer, trotz geöffneter Luftklappen, um die Mittagszeit 22 °C anzeigt und am Abend in den Bereich von +10 °C abrutscht. Schließlich ist die Tagestemperatur von der Sonne abhängig.

durch den Wechsel von Feuchtigkeit und Wärme einerseits und Trockenheit sowie niedrige Temperaturen andererseits beeinflußt werden. Zahlreiche Gewächshauspflanzen machen ihre Ruhezeit im Winter durch. Während dieser Zeit werden sie meist kühler und trockener gehalten.

Für Gewächshausgärtner, die sich mit Pflanzen unterschiedlicher Ansprüche umgeben möchten, ist es nicht einfach, die Temperaturwünsche zu er-

füllen, wenn nur ein einziger Raum zur Verfügung steht. In diesem Fall müssen sich die Bedingungen stets nach der wertvolleren Pflanzenart richten. Dafür nimmt man dann in Kauf, daß andere Gewächse nicht die besten Lebensbedingungen bekommen und nicht prächtig gedeihen. Wer sich eine Trennwand quer durch das Gewächshaus baut, kann immerhin zwei Wärmebereiche schaffen und Pflanzen mit verschiedenen Ansprüchen kultivieren.

## Kalthauspflanzen

**Pflanzen des Kalthauses,** die wenig Wärme benötigen, d.h. zwischen 5 und 10°C im Winter und 15 bis 18°C im Sommer:

*Abutilon,* Schönmalve
*Agapanthus,* Schmucklilie
*Agave,* Agave
*Albizia lophanta,* Schirmakazie
*Aloe,* Aloe
*Araucaria,* Zimmertanne
*Aspidistra,* Schusterpalme, Sternschild
*Aucuba japonica,* Goldorange
*Bougainvillea,* Bougainvillie
*Callistemon,* Lampenputzer, Zylinderputzer, Schönfaden
*Campanula,* Zimmerglockenblume
*Chlorophytum,* Grünlilie, Graslilie
*Citrus,* Zitrone, Orange
*Coleus,* Buntnessel
*Crassula,* Dickblatt
*Cyperus,* Zypergras
*Cytisus canariensis,* Ginster
*Datura,* Stechapfel
*Dracaena draco,* Drachenbaum
*Erica gracilis,* Topfheide, Erika
*Escheveria,* Escheverie
*Eugenia myrtifolia,* Kirschmyrte
*Euonymus,* Japanischer Spindelbaum
*Euphorbia milii,* Christusdorn
*Fatsia japonica,* Aralie
Farne:
    *Polystichum,* Schildfarn
    *Pteris,* Saumfarn, Flügelfarn
*Fuchsia,* Fuchsie

*Gasteria,* Gasterie
*Grevillea,* Australische Silbereiche
*Hedera,* Efeu
Kakteen
*Lachenalia,* Lachenalie
*Muehlenbeckia,* Mühlenbeckie
*Myrtus,* Myrte
*Nerium,* Oleander
*Oplismenus,* Stachelspelze
Palmen:
    *Chamaerops humilis,* Zwergpalme
    *Phoenix canariensis,* Dattelpalme
    *Trachycarpus fortunei,* Hanfpalme
*Parthenocissus,* Jungfernrebe
*Passiflora,* Passionsblume
*Pelargonium,* Pelargonie
*Plumbago capensis,* Bleiwurz
*Primula malacoides,* Mehlprimel
*Primula obconica,* Becherprimel
*Punica granatum,* Granatbaum
*Rochea,* Rochee
*Schizanthus,* Spaltblume
*Senecio cruentus,* Cinerarie, Aschenblume
*Solanum,* Korallenkirsche
*Sparmannia africana,* Zimmerlinde
*Stapelia,* Ordensblume
*Yucca,* Palmlilie

**Viele zu groß gewordene Pflanzen finden im Gewächshaus Unterkunft, wie auch Kübelpflanzen, die hier überwintern.**

Diese Pflanzen des Kalthauses stellen an die Versorgung mit Gießwasser geringere Ansprüche. Im Winter werden sie wenig und vorsichtig gegossen. Der Platz soll hell und luftig sein.

Einige der Anspruchslosen können als Kübelpflanzen im Sommer im Garten und auf der Terrasse stehen. In dieser Jahreszeit möchten fast alle einen hellen und sonnigen, meist aber einen vor intensiver Sonnenbestrahlung geschützten Platz. Das Feuchtigkeitsbedürfnis ist natürlich entsprechend größer. Mehr gießen, gelegentliches Düngen und hin und wieder eine Dusche auf die Blätter sind für das Wohlbefinden unerläßlich.

## Temperierter Bereich

Pflanzen des temperierten Gewächshauses stellen höhere Ansprüche als Kalthauspflanzen. Innerhalb dieser Gruppe gibt es aber Unterschiede. Hier finden sich Anspruchslose, die auch trockene Luft und Sonne vertragen, und solche, zu deren Lebensgewohnheiten eine höhere Luftfeuchtigkeit gehört. Die meisten dieser Pflanzen gedeihen an hellen, absonnigen Plätzen am besten. Unterschiedlich sonnenverträglich sind z.B. Bromelien. Gattungen mit weichem, dunkelgrünem Blattwerk benötigen im Sommer Schatten, die übrigen sind sonnenverträglicher.

**Hier läßt sich auf den ersten Blick der wahre Pflanzenliebhaber erkennen.**

Pflanzen des temperierten Hauses, die mittlere Temperaturen wünschen, d.h. im Winter 10–15 °C und im Sommer 17–20 °C:

*Achimenes*, Schiefteller
*Ampelopsis*, Doldenrebe
*Ardisia*, Spitzblume
Begonien-Arten
*Beloperone*, Zimmerhopfen
Bromeliengewächse*:
   *Aechmea**
   *Billbergia*
   *Cryptanthus**
   *Guzmania**
   *Neoregelia**
   *Nidularium**
   *Tillandsia**
   *Vriesea*
*Brunfelsia*, Brunfelsie*
*Calceolaria*-Hybriden, Pantoffelblume
*Camellia*, Kamelie
*Cissus antarctica*, Klimme
*Clerodendrum*, Losbaum, Schicksalsbaum
*Crassula falcata*, Sicheldickblatt
*Cyclamen*, Alpenveilchen
*Dizygotheca elegantissima*, Fingeraralie*
*Fatshedera*, Efeuaralie
*Ficus*, Gummibaum
Farne*:
   *Adiantum*, Haarfarn*
   *Nephrolepis*, Schwertfarn*
*Haemanthus*, Elefantenohr
*Haworthia*, Haworthie
*Helxine*, Bubiköpfchen

*Hibiscus*, Roseneibisch
*Hoya carnosa*, Wachsblume
*Hydrangea*, Hortensie
*Impatiens*, Fleißiges Lieschen
Kakteenjungpflanzen
*Kalanchoe*, Kalanchoe
*Mimosa*, Sinnpflanze
*Monstera*, Fensterblatt
Orchideengattungen, z.T.*
Palmen:
   *Chamaedorea elegans*, Bergpalme
   *Howea fosteriana*, Howeapalme
   *Phoenix loureiri*, Zwergdattelpalme
*Peperomia*, Pfeffergesicht
*Pilea*-Arten, Kanonierblume
*Piper*, Blattpfeffer
*Rhododendron simsii*, Azalee
*Rosa*, Topfrose
*Sanchezia*, Sanchezie*
*Sansevieria*, Bogenhanf
*Saxifraga sarmentosa*, Judenbart
*Scindapsus*, Efeutute*
*Scirpus*, Frauenhaargras*
*Selaginella*, Moosfarn*
*Sinningia*, Gloxinie
*Streptocarpus*, Drehfrucht
*Tetrastigma voinierianum*, Tonkingwein
*Tradescantia*, Tradeskantie
*Veltheimia*, Walzenlilie
*Zantedeschia*, Zimmerkalla

\* Pflanzen, die hohe Luftfeuchtigkeit verlangen

Warmhauspflanzen, die im Winter 18–20°C benötigen und im Sommer bei Temperaturen über 20°C am besten gedeihen:

*Anthurium*, Flamingoblume
*Caladium*, Buntwurz
*Cissus discolor*, Klimme
*Codiaeum*, Kroton, Krebsblume
*Dracaena*, Drachenbaum (bunte Arten)
Farne:
*Asophila australis*, Hainfarn
*Fittonia*, Fittonie
*Gardenia*, Gardenie

Orchideengattungen
*Philodendron*, Baumfreund
– *andreanum*
– *elegans*
– *ilsemanii*
– *imperialis*
– *squamiferum*
– *suriamense*
– *verrucosum*

Achtung:
Alle Arten verlangen hohe Luftfeuchtigkeit!

**Viele Pflanzenarten beeindrucken schon durch ihre Laubfärbung.**

# Warmhausbereich

Die Pflanzen der folgenden beiden Gruppen sind die Anspruchsvollen unter unseren Gewächshausinsassen. Es sind die Warmhauspflanzen, die besondere Sorgfalt verlangen, um zu gedeihen und zu blühen. Ihre Pflege erfordert genauere Kenntnis von Wachstums- und Ruhezeiten, vom Gießen und Lüften sowie ihren Ansprüchen an die Luftfeuchtigkeit.

Pflanzen des gemäßigten Warmhauses, die höhere Temperaturen brauchen, d.h. im Winter 15–18°C und im Sommer mindestens 18–20°C:

*Acalypha*, Nesselblatt, Katzenschwanz
*Aeschynanthus*, Aeschynanthe*
*Aglaonema*, Kolbenfaden*
*Aphelandra*, Glanzkölbchen
*Asparagus*, Zierspargel
*Begonia rex*, Königsbegonie, Rexbegonie
*Cissus rhombifolia*, Klimme
*Clivia*, Riemenblatt, Klivie
*Columnea*, Kolumnee*
*Cordyline*, Keulenlilie*
*Crossandra*, Crossandra*
Dieffenbachia, Dieffenbachie*
*Episcia*, Schattenröhre*
*Euphorbia pulcherrima*, Weihnachtsstern*

Farne*:
*Asplenium nidus*, Vogelnestfarn*
*Blechnum*, Rippenfarn*
*Platycerium*, Geweihfarn*
*Hippeastrum*, Amaryllis, Ritterstern
*Ixora*, Ixore*
*Maranta*, Marante*
*Medinilla magnifica*, Medinilla*
*Microcoelum martianum*, Kokospalme
*Nepenthes*, Kannenpflanze*
Orchideengattungen, z.T.*
*Saintpaulia*, Usambaraveilchen
*Spathiphyllum*, Blattfahne*
*Syngonium*, Purpurtute*

* Pflanzen, die hohe Luftfeuchtigkeit verlangen

# Hobbyraum für Pflanzen-
# liebhaber und Raritätensammler

## Orchideen

Groß ist die Anzahl der Gattungen und Arten und umfang-
reich in den Formen ist die Familie der Orchideen. Viele sind
in den Tropen und Subtropen
beheimatet; andere stammen
aus den gemäßigten Zonen, aus
Höhenlagen tropischer Berggebiete.
Die Beschäftigung mit
diesen attraktiven Blütenpflan-
zen gehört zu den schönsten
Tätigkeiten des Gewächshaus-
gärtners. Wer sich ein gut fun-
diertes Wissen über das große
Gebiet der Orchideenkultur erwerben möchte, dem sei Spezialliteratur empfohlen sowie
der Besuch von Spezialgärtne-
reien und botanischen Gärten.
Einige Orchideenarten haben
geringe Ansprüche, vornehmlich in den vergangenen Jahren
gezüchtete Hybriden. Dazu gehören auch *Phalaenopsis, Cym-
bidium, Paphiopedilum* (Frauen-
schuh). Mehr Sorgfalt, Wissen
und Können erfordert die Pflege
der anspruchsvollen Vertreter.
Verschieden sind ihre Ansprüche an den Standort, an die
Feuchtigkeit und die Wärme im
Winter und Sommer. Auch die
Ruhezeiten sind unterschiedlich.

**Tropische Blütenpracht –
Orchideen sind die Favoriten im
Gewächshaus.**

Die Düngung ist eine kleine Wissenschaft für sich, denn es werden keine üblichen Pflanzendünger verwendet. Unterschiedlich ist aber auch der Pflanzstoff vor allem von epiphytischen (auf Bäume wachsenden) und erdbewohnenden Orchideen. Trotzdem ist ein Versuch mit *Cattleya, Dendrobium, Odontoglossum* und *Coelogyne* durchaus lohnend.

# Bromelien

Bromelien (Ananasgewächse) gehören zu den interessantesten Pflanzenfamilien der tropischen und subtropischen Gebiete Süd- und Mittelamerikas. Sie wachsen epiphytisch als Aufsitzer in den Baumkronen und Astgabeln der Urwaldbäume, ohne mit ihren Wurzeln in das Holz einzudringen, oftmals in Gemeinschaft mit Orchideen, Farnen und Aronstabgewächsen (z.B. Anthurien). Mit Bromelien, dazu gehören u.a. *Guzmania, Aechmea, Vriesea, Nidularium* läßt sich ein Epiphystenstamm im Gewächshaus gestalten. Man hüte sich vor dem Überladen mit Pflanzen. Äste, die von Natur aus nicht ganz zweckmäßig sind, lassen sich durch Einarbeiten von Mulden und Höhlungen herrichten. Die Wurzelballen werden mit feuchtem Sumpfmoos *(Sphagnum)* umhüllt und auf dem Stamm befestigt. Zum Anbinden haben sich elastische Perlonfäden recht gut bewährt. Die Pflege des Epiphytenstammes erfordert Sorgfalt. Regel-

mäßige Befeuchtung der Pflanzen ist wichtig. Wie an ihrem natürlichen Standort verlangen die Aufsitzerpflanzen auch im Gewächshaus eine hohe Luftfeuchtigkeit. Am besten eignen sich Luftbefeuchter.

# Kakteen

Für Liebhaber dieser Pflanzen kann das Sortiment nicht groß genug sein. Die Familie ist in etwa 150 Gattungen und über 2000 Arten aufgeteilt. Bei der Vielseitigkeit gibt es hinsichtlich der Behandlung und Ansprüche Unterschiede und differenzierte Pflegemaßnahmen. Hinweise können nur einer Orientierung dienen.

Kakteen vertragen volles Sonnenlicht, wenn auch, vor allem während der Jugendzeit, leichter Schatten vorgezogen wird. Pflanzen mit dichtem Haarkleid und enger Bestachelung sind im allgemeinen sonnenverträg-

**Bromelien gehören zu den interessantesten Pflanzen tropischer und subtropischer Gebiete.**

licher als Blattkakteen und alle Vertreter dieser Pflanzenfamilie mit einem unbewehrten grünen Körper.

Während der Ruhezeit wird vorsichtig gegossen, häufig genügen nur wenige Tropfen, die die Pflanzenteile nicht treffen sollen. Im Sommer benötigen Kakteen reichlich Wasser. Sie sind mit einem Viertel der Wassermenge anderer Pflanzen zufrieden. Im Frühjahr und Sommer werden sie gelegentlich übersprüht. Ab August hält man die Pflanzen trockener, um sie auf den Winter vorzubereiten. Die Ruhezeit dauert vom Spätherbst bis zum Frühjahr. Ausnahmen bestätigen die Regel. Winterblüher, z.B. *Zygocactus* (Weihnachtskaktus) oder *Rhipsalis* (Koralenkaktus), sind von der winter-

85

Kakteen gedeihen im kalten und temperierten Bereich.

eigenen Wurzeln zu langsam wachsen. Doch nicht jede Unterlage paßt mit jedem »Edelreis« zusammen. Über bestimmte Unterschiede informiert sich der Kakteenfreund am besten anhand von Spezialliteratur.

## Sukkulenten

Im großen und ganzen ist die Behandlung ähnlich wie bei Kakteen. Viele Vertreter der Sukkulenten bevorzugen im Sommer einen Platz im Freien; als Kübelpflanzen im Garten oder auf der Terrasse aufzustellen.

Zu den bekanntesten Vertretern gehören Agaven, *Aloe, Crassula* (Dickblatt), *Escheveria, Euphorbia* (Wolfsmilch), *Gasteria, Haworthia, Mesembryanthemum* (Mittagsblume), *Rochea, Stapelia, Ceropegia* usw. Die meisten von ihnen wünschen im Winter einen hellen Platz bei nur bescheidenen Wärmeansprüchen von etwa 8 bis 10 °C.

Sogar eine Vogelvoliere ist im »Raritätenkabinett« unterzubringen. Auch der Wunsch nach belebendem Wasser, sei es in der Form eines Springbrunnens, gar mit Beleuchtung, ist ebenso zu verwirklichen, wie die Anlage eines Aquariums oder Beckens für Fische.

lichen Ruhe ausgenommen. Sie beanspruchen sie nach der Blüte. Auch in der Ruhezeit wollen Kakteen und Sukkulenten Licht haben. Dagegen ist die Temperatur von 8–12 °C ausreichend. Unter 6 °C darf das Thermometer jedoch nicht absinken. Wir können sie getrost mit den Kalthauspflanzen kultivieren. Für die Nährstoffversorgung gibt es Spezialdünger. Er enthält weniger Stickstoff, mehr Phosphorsäure und Kali als andere Blumendünger. Kakteenanzucht erfolgt durch Samen, Stecklinge und durch Veredelung.

Die Vermehrung durch Samen erfordert eine Raumtemperatur von 15–20 °C. Unterwärme von 20–25 (bis 30) °C. Wichtig ist ausreichende Feuchtigkeit. Gesät wird im Frühjahr, in flache Schalen in sandige Lauberde.

Kakteen sind Lichtkeimer, man bedeckt den Samen daher nur so stark mit feingesiebtem Sand, daß sie durchschimmern. Pikieren, sorgfältige Pflege, Schutz vor Sonnenbestrahlung, Schädlingen und Krankheiten, Gießen begünstigen die Entwicklung. Junge Pflanzen benötigen auch im Winter mehr Wärme, etwa 12–15 °C.

Bei der Vermehrung durch Stecklinge werden diese oder Glieder erst gesteckt, nachdem die Schnittwunden völlig trocken sind. Im Sommer dauert dies bis zu 3 Wochen, im Winter entsprechend länger! Gesteckt wird in sandige Erde. Bodenwärme beschleunigt die Bewurzelung.

Einige Formen müssen durch Veredelung vermehrt werden, bei anderen wendet man die Veredelung an, weil sie auf den

# Logis für Zimmerpflanzen

Zimmergärtner nehmen die Gelegenheit wahr und verschreiben den Gefährten ihres Heimes, die ihr Leben in einer mehr oder minder lufttrockenen »Heizungsatmosphäre« verbringen müssen, einen erholsamen Aufenthalt im Gewächshaus. Zu lang gewordene grüne Hausbewohner werden jetzt leicht gebeugt das Wohnzimmer verlassen und in das Gewächshaus übersiedeln. Dafür ist ein hohes Gewächshaus praktisch. Wenn der First des Glashauses auch selten höher als die Zimmerdecke ist, so lassen sich die ganz »Langen« einkürzen. Das »Abmoosen«, z.B. von Gummibäumen, ist ein gängiger Weg der »Verjüngung«. Dabei wird der Spitzentrieb, bevor er abgeschnitten wird, zur Wurzelbildung angeregt: Dicht unter einem Blatt wird ein schräger Schnitt bis in die Hälfte des Stammes geführt, anschließend ein »Verband« aus *Sphagnum* um die Wunde gewickelt und das ganze mit einer Folie umhüllt. Nach einigen Wochen hat die Pflanzenspitze soviel Wurzeln gebildet, daß sie von der Mutterpflanze gelöst und eingetopft werden kann. Ein Gewächshaus bietet ideale Bedingungen für die meisten Zimmerpflanzen. Hier sind die Licht- und Luftfeuchtigkeitsbedingungen günstiger als im Haus, und gleichmäßige Wärme ist leichter zu halten.

Optimal für Zimmerpflanzen ist, wenn sie nach dem Umtopfen noch im Gewächshaus bleiben können, bis sie in das größere Pflanzgefäß »eingewachsen« sind. Danach werden sie sich besser eingewöhnen und das »Fensterbankdasein« besser verkraften.
Ist das Gewächshaus mit einem Vermehrungsbeet (Unterwärme) ausgestattet, können mit gutem Erfolg auch von den Zimmerpflanzen Stecklinge geschnitten und bewurzelt werden. Die meisten bewurzeln bei 14–20 °C, Gummibäume brauchen etwa 26 °C. Auch das Teilen von Pflanzen besorgt man im Gewächshaus. Dort bleiben die Gewächse einige Zeit, um sich zu erholen. So können die Pflanzenbestände vergrößert werden; zum Tausch untereinander und zum Verschenken.

**Sich mit Pflanzen zu umgeben, was gibt es schöneres für einen Gewächshausgärtner?**

# Winterquartier für Balkon- und Kübelpflanzen, Zwiebel- und Knollengewächse

Ein Gewächshaus ist der ideale Platz zum Überwintern diverser Pflanzen, mit denen man sonst große Mühe hätte, sie über die kalte Jahreszeit zu bringen. Vor allem mit Kübelpflanzen gäbe es Schwierigkeiten, wenn sie schon zu stattlichen Exemplaren herangewachsen sind.

Die meisten Kübelpflanzen, z.B. Margeritenbäumchen, Fuchsien, werden vor dem Einräumen in das Gewächshaus um ca. $\frac{1}{3}$ zugeschnitten. Oleander wird mit den Knospen überwintert.

Man räumt die Pflanzen so spät wie möglich in das Kalthaus oder temperierte Gewächshaus, allerdings dürfen die Pflanzen keinen Frost erwischen. Die Kälteverträglichkeit ist außerdem sehr unterschiedlich.

Als Grundregeln für die Pflanzenüberwinterung gelten: Vor dem Einräumen auf eventuellen Schädlingsbefall durchsehen und im Bedarfsfall die Pflanzen behandeln. Der Platz soll hell, kühl, aber frostfrei sein. Gießen nur tropfenweise, vor allem im frostfreien Bereich. Staunässe ist auf jeden Fall schädlich (Wurzelschäden). Feuchtigkeit und Temperatur müssen übereinstimmen. Die Pflanzen dürfen nicht ganz austrocknen, auch nicht treiben. An Tagen mit Sonnenschein das Lüften nicht vergessen (Wärmeschub). Aber auch sonst für »kühle Bedingungen« sorgen (Lüftungsautomat!). Die Wassergaben werden erst erhöht, bevor die Pflanzen im Frühjahr wieder nach draußen kommen.

Alle Überwinternde, auch Balkonpflanzen wie Pelargonien, Fuchsien usw., regelmäßig durchsehen, verwelktes Laub entfernen, durchputzen, trockene Pflanzenteile abschneiden. Ebenso sind im Gewächshaus des frostfreien Bereiches Zwiebeln und Knollen zu überwintern. Je ausgereifter sie sind, und je trockener sie eingelagert werden, desto weniger Ausfälle wird es geben. Meistens sind es Dahlien, Knollenbegonien, *Canna*, Gladiolen, die in kleinen Kisten unter den Tischen bis zur nächsten Saison aufbewahrt werden. Nicht vergessen: ein Etikett mit dem Sortennamen und Farbe.

Im Kalthaus werden auch Dauergemüse überwintert. Man kann Chinakohl, Blumenkohl, Endivien mit den Wurzelballen von den Gartenbeeten ausgraben und im Gewächshaus einschlagen, ebenso wie Porree.

**Überwinterung von Balkon- und Kübelpflanzen.**

Als Durchschnittswerte für Überwinterungstemperaturen gelten: +3 °C für Yucca; +5 °C für Citrusgewächse (Zitronen- und Orangenbäumchen), Granatapfel, Agaven, *Plumbago* (Bleiwurz). 6–8 °C für *Agapanthus*, Oleander, Lorbeer, Myrte, Eukalyptus, *Phoenix* (Dattelpalme), Datura, Pelargonien. Bis +10 °C *Chrysanthemum frutescens* (Sommermargerite) und andere, *Abutilon* (Schönmalve), Heliotrop, *Lantana*, Verbenen, Fuchsien.

# Verfrühen – zeitiger ernten

Manche Pflanzengattungen können verfrüht werden, d.h., der Ernte- oder Blütezeitpunkt wird durch entsprechende Maßnahmen vorgezogen.

## Gemüse, Kräuter, Obst

Gräbt man im Herbst Schnittlauchklumpen aus, läßt auf sie Frost einwirken und nimmt sie satzweise ins Gewächshaus, kann es praktisch den ganzen Winter hindurch frischen Schnittlauch geben. Mit einer

Warmwasserbehandlung (ca. +40°C) wird die Treibfähigkeit positiv beeinflußt. Die Schnittlauchballen werden in Töpfe gepflanzt und können auch unter den Gewächshaustischen eingegraben werden (Platzausnutzung).

Ähnlich läßt sich mit Petersilienwurzeln verfahren. Sie werden in Töpfe mit Erde gesteckt und im Gewächshaus aufgestellt; auf den Tischen oder darunter. Darunter können sie auch in die Erde eingeschlagen werden (Platzausnutzung). Werden die Wurzeln kühl gelagert, ist eine satzweise Verfrühung möglich.

Gleiches gilt für Lauchzwiebeln. Ebenso wird bei Rhabarber verfahren, wobei es ratsam ist, im Herbst entsprechend dem Bedarf einen »Vorrat« an Wurzelstöcken auszugraben und nach und nach ins Gewächshaus zum Verfrühen/Antreiben zu bringen. Die beiden Begriffe sind in den genannten Beispielen nicht exakt zu trennen – haben fließende »Grenzen«. Die Ernte wird verfrüht, was durch Wärmeeinsatz erfolgt. So wird das »Treiben« (Austreiben) der Pflanzenteile bewirkt.

Auch Löwenzahnwurzeln, im November ausgegraben, können im Gewächshaus eingeschlagen werden, auch unter den Tischen. Vorher werden die

Experimentierfreudige werden auch einen Versuch mit Kartoffeln wagen: Mitte Januar antreiben, Mitte Februar pflanzen, Anfang Mai ernten.

Blätter 2 cm über dem Blattansatz abgeschnitten. Eine satzweise Abfolge ist ebenfalls durch das Einbringen der Wurzeln in Gefäße (Eimer 10–12 Liter Inhalt) möglich. Einfach im Spätherbst mehrere Eimer mit Wurzeln vorbereiten, kühl aufbewahren und bedarfsweise im Gewächshaus aufstellen. Zu beachten: Die Gefäße sollten Wasserabzugslöcher haben. Die Erdschicht im Gefäß wird auf 3 cm bemessen, damit sich Haarwurzeln bilden können. Wurzeln dicht an dicht einstellen, Erde in die Zwischenräume füllen, mit Wasser einschwemmen, 3 cm Erde darauf. Abschluß nach oben mit einer schwarzen Folie (Lichtabschluß zum Bleichen) oder einen weiteren Behälter darüber stülpen.

Dann geht es ohne Erddeck-schicht. Wie bei allen Vorge-nannten gilt auch hier: Je wär-mer es ist, desto eher wird geerntet – bei +15 °C nach vier Wochen.

Ebenso wird auch bei <u>Chicorée</u> verfahren: Einbringen der Wur-zeln in Gefäße oder Einschlagen im Grundbeet bzw. unter den Tischen. Chicorée wird Mitte Mai gesät und ab Oktober geerntet. Bis zur Schnittreife vergehen ab »Treibbeginn« 4–5 Wochen.

Ähnlich läßt sich mit <u>Kartoffeln</u> verfahren. Nur eben ganz zeitig im Jahr. Man legt Knollen (3–5 cm Durchmesser) ab Januar in Eimer und bedeckt sie 10 cm hoch mit Erde und stellt sie nach Bedarf satzweise bis +18 °C auf. Je wärmer, desto eher wird geerntet (3 Knollen bringen etwa 3 kg).

<u>Erdbeeren</u> lassen sich ebenfalls verfrühen. Dazu werden im Sommer Pflanzen in 8-cm-Töpfe gesetzt, später in 13-cm-Töpfe umgepflanzt. Im Garten einge-senkt, feucht gehalten und ge-düngt. Ab Oktober werden Gie-ßen eingeschränkt und Düngen eingestellt. Für Frostschutz sor-gen. Im Dezember bei +10 °C ins Gewächshaus stellen und die Temperatur erhöhen. Bo-den-/Vegetationsheizung ist vorteilhaft. Ernte ab April bis Juni, je nach Temperatur. Die Blüten müssen mit dem Pinsel bestäubt werden oder an den Blütenstielen (Pflanzen) bewe-gen, wie bei Tomaten. Bis zum Fruchtansatz Düngung mit or-ganischem oder mineralischem Flüssigdünger; viel gießen (Tröpfchenbewässerung), damit Blätter und Blüten trocken blei-ben (Fäulnisgefahr).

## Blumenzwiebel-treiberei

Die Sehnsucht nach dem Früh-ling ist für den Gewächshaus-gärtner schon lange vor dem kalendarischen Termin erfüllbar. Wer schon Ende Dezember/An-fang Januar Töpfe und Schalen mit blühenden Blumenzwiebeln haben möchte, muß sich schon im September mit den Vorbe-reitungen befassen. Am besten besorgt man sich im Fachhan-del (Gartencenter) präparierte Zwiebeln, die eine spezielle Temperaturbehandlung hinter sich haben. Im Oktober werden die vorgesehenen Schalen und Töpfe mit Erde gefüllt, nachdem unten über die Abzugslöcher ei-ne dünne Schicht Kies, zerklei-nerte Topfscherben (ungehin-derter Wasserabfluß) gelegt wird.
Mit leichtem Druck werden die Zwiebeln in die Erde gesetzt. Allseitiger berührungsloser Ab-

**Mal etwas anderes: Erdbeerernte im April im Gewächshaus.**

stand auch vom Topf-, Schalen-
rand. Die Zwiebeln werden
ziemlich flach gesteckt, die Spit-
zen sollen mit dem Rand des
Pflanzgefäßes abschließen; Kro-
kus wird etwas tiefer gesteckt.
Anschließend mit Erde auffül-
len, andrücken und wässern.
Für die nächsten 2–3 Monate
ist das Kalthaus der richtige Ort
zur Wurzelbildung und Vorberei-
tung des Blühtriebes. Ist Platz
unter den Tischen, erhalten die
Gefäße eine 15-cm-Torf- oder
Rinderhumusschicht. Der Platz
muß dunkel sein. Die Temperatur soll +5–8 °C betragen. Man
kann diese Vorbereitungszeit
auch im Garten ablaufen lassen
und die Gefäße zum Treiben in
das Gewächshaus stellen. Dazu
ist der richtige Zeitpunkt, wenn
die Triebe etwa 5 cm lang sind.
Temperaturerhöhungen auf
+18–20 °C. Bis zur Blüte sind es
dann nochmal 2–3 Wochen.

Auch mit Maiglöckchen lohnt
sich ein Versuch, sie zu früherer
Blütezeit anzuregen. Die Keime
werden in Gartenfachgeschäf-
ten angeboten. Wir brauchen
nur die Wurzeln einzukürzen, in
15 cm tiefe Töpfe zu pflanzen
und diese mit Moos abgedeckt
bei +20 °C zu halten und täglich
mit Wasser zu besprühen. Nach
der Blattentwicklung oder wenn
sich die Knospenstände aus den
Hüllblättern schieben, wird das
Moos entfernt und die Temperatur bei beginnender Blüte auf
+12–15 °C abgesenkt. Bei diesen Werten ist die Blütenhalt-
barkeit besonders gut. Das
dauert etwa vier Wochen. Die

**Zeitigere
Dahlienblüte –
das Gewächs-
haus macht's
möglich.**

im Fachgeschäft erhältlichen
Eiskeimen können ohne Vorbe-
handlung angetrieben werden.
Bewährt hat sich auch, die Rhizome von *Canna* (Blumenrohr)
im Februar in mittelgroße Töpfe
einzupflanzen, im April in Gefäße mit 15 cm Durchmesser umzusetzen. Mit zunehmendem
Wuchs reichlich gießen und
düngen.

Der natürliche spätere Blühbe-
ginn ist auch bei Dahlien auf
den Juni vorzuverlegen: Die
Wurzelknollen werden im März
vor dem Einsetzen in Gefäße
geteilt. Es genügt auch, die
Knollen unter die Gewächshaustische zu stellen und leicht mit
Erde abzudecken. Feuchthalten
und Mitte Mai auspflanzen.

Knollenbegonien ab Mitte Fe-
bruar bis März mit der glatten
runden Seite nach unten (kleine
Mulde nach oben) in erdgefüllte
Schalen legen und mit 2–3 cm
Substrat bedecken. Der Platz

kann dunkel sein. Feuchthalten.
Zeigen sich die ersten Triebe,
hell stellen. Große Knollen teilt
man mit dem Messer in 2–4
Stücke. Schnittflächen mit Holz-
kohle behandeln oder mit fäul-
nishemmendem Präparat. Nach
Bewurzelung und Blattbildung
wird in 10-cm-Töpfe umgesetzt
und nach Mitte Mai ausge-
pflanzt.

Blütenzweige können auch im
warmen Gewächshaus angetrieben werden. Die Zweige werden
in einen Eimer hell aufgestellt.
Der 4. Dezember ist der frühe-
ste Termin, an dem die soge-
nannten Barbarazweige ge-
schnitten werden dürfen, weil
sie erst niedrigen Temperaturen
ausgesetzt werden müssen, ehe
sie zu neuem Blühen bereit
sind. Zum Treiben eignen sich
nur die Zweige von Gehölzen,
die im Frühjahr blühen. Die Blü-
tenknospen an den Zweigen er-
kennt man am ehesten daran,
daß sie etwas dicker sind, nicht
so spitz als die Blattknospen.

# Frühbeet

Das Frühbeet ist ein Hilfsmittel zur Jungpflanzenanzucht im Frühjahr. Auch danach gibt es viele Verwendungen bis zum Winter, auch als Raum für Dauergemüse. Mit 1,50 m Breite läßt es sich leicht bewirtschaften. Es kann ortsfest aus Holz oder Beton gebaut werden. Die Standortfrage ist meist rascher gelöst als für ein Gewächshaus. Zur besseren Lichtausnutzung wird das einfache Frühbeet in Ost-West-Richtung mit Neigung der Fenster nach Süden aufgestellt.

Der herkömmliche (ortsfeste) »Mistbeetkasten« alter Prägung hat eine bis zu 50 cm tiefe Grube zum Einfüllen der wärmeentwickelnden Packmaterialien. Für eine vierköpfige Familie ist ein 4-Fenster-Frühbeet (Fenster $1,0 \times 1,50$ m = 6 m$^2$) ausreichend. Neben versetzbaren, die sich Gartenheimwerker gerne selbst bauen, gibt es Frühbeettypen, die nach dem Baukastensystem einfach zusammenzusetzen sind. Wie auch verschiedene Möglichkeiten mit Betonsockeln und Einschubbrettern, flexible Frühbeete herzustellen sind. Viel Licht ergeben rundherum durchsichtige Typen mit Glas oder Kunststoff eingedeckt. Im Sommer ist die Sonneneinstrahlung oft zu stark (Nutzungsmöglichkeit). Da sie flexibel sind, können sie an einen schattigen Platz gestellt werden.

Gegenüber Holzfenstern sind verzinkte Metallfenster weniger pflegeaufwendig. Die Größe beträgt $1,0 \times 1,5$ m. Eine Ausnahme bilden »Richters Selbstlüftende Frühbeetfenster« mit $80 \times 150$ cm Größe, die eine stromlose Lüftungsautomatik haben und nicht ständige Aufmerksamkeit erfordern. Selbstlüftende Frühbeetfenster ersparen den Griff zum Luftholz. Lüftungsautomaten sind gerade für Berufstätige oft unerläßlich. Stromlos und energieunabhängig, können sie auch nachträglich eingebaut werden. So werden Über- und Untertemperatur (Pflanzenschäden) vermieden. Für die Beheizung ist der Anschluß an das Wohnhaus möglich. Ansonsten gibt es elektrische Heizkabel. Hierfür ist schon bei der Standortauswahl Vorsorge zu treffen (Stromanschluß).

# Frühbeet- nutzung rund ums Jahr

Je intensiver ein Frühbeet genutzt wird, desto größer ist sein Gebrauchswert.

Die Ausnutzung mit nur einer Pflanzenart, z.B. von Gemüse, wird wohl kaum angestrebt werden. Erfahrungsgemäß hat die eigene Jungpflanzenanzucht einen hohen Stellenwert. Im Herbst können im Frühbeet Wurzelgemüse aller Art eingeschlagen werden: Möhren, Sellerie, Schwarzwurzeln, aber auch Lauch und Kohl.

## Kaltes Frühbeet

Ohne Wärmequelle ist es für den Pflanzenanbau erst nutzbar, wenn die Sonneneinstrahlung als natürliche Heizung ausreicht.

Je nach Gegend ist der Zeitpunkt der ersten Bestellung unterschiedlich.

Am Tage Lüften (Lüftungsautomaten sehr zu empfehlen, um die richtige Tagestemperatur zu gewährleisten), und nachts ist das Zudecken mit speziellen Matten sehr wichtig. Letzteres, damit die tagsüber eingestrahlte Wärmeenergie möglichst lange erhalten bleibt. Zusätzliche Isolierung mit Styroporplatten oder ringsherum ein Laubumschlag tun ein übriges, um das Eindringen der Kälte mindestens zu erschweren.

## Halbwarmes Frühbeet

Je nach Stärke der Wärmeenergie-Quelle und unabhängig davon, ob biologisch, d.h. mit Substraten gepackt oder technisch erwärmt wird, beginnt hier die Bestellung eher. Wärmeabgebende Substratpackungen liefern im Gegensatz zu einer Be-

**Oben: Holzfrühbeet mit hochgestellten Fenstern für höhere Gewächse.**

**Links: Aluminium-Frühbeet mit »Rundumverglasung«.**

heizung mit Elektrokabeln, -matten, -maschendraht oder einer Warmwasserheizung vom Wohnhaus die Wärme nicht gleichmäßig und konstant – an sich wenig problematisch, da mit fortschreitender Jahreszeit die natürliche Wärme zunimmt. Der Temperaturbereich liegt bei +10–17 °C. Lüften und nächtlicher Wärmeschutz wie beim kalten Frühbeet, was auch für das folgende zutrifft.

## Warmes Frühbeet

Wie vorgenanntes muß es in stabiler Bauweise errichtet und für Packmaterialstärken von ca. 50 cm entsprechend tief ausgeschachtet sein. Da es schon meistens im Februar in Betrieb genommen wird, muß die Wärme (Bereich +17–22 °C) solange konstant gehalten werden können, bis die Temperatur durch Sonneneinstrahlung ausreichend ist.

Gartenfreunde, die Ende Januar/Anfang Februar Salat oder Kohlrabi pflanzen möchten, müssen die Faktoren Licht, Luft, Feuchtigkeit und Wärme mit Fingerspitzengefühl wohl dosiert darbieten können.

Ohne Frage ist thermostatgesteuerte technische Erwärmung zu empfehlen (gute Regelbarkeit, gleichmäßige Temperaturgestaltung). Trotzdem sind auch hier isolierende Materialien notwendig.

# Vorteile durch Folie, Vlies und Netz

Die Bedeckung schützt Saat- und Pflanzenbeete und beschleunigt Keimvorgang und Anwachsen. Gleich nach der Aussaat und/oder Pflanzung auf die Beete gelegt, erbringt sie Ernteverfrühungen, die je nach Gegend bis zu drei Wochen betragen. Außerdem werden die Pflanzen vor Minusgraden (5–7°C) geschützt. Hinzuweisen ist auch auf den Schutz vor Vogelfraß und bei der Bedeckung mit Vlies die Herabsetzung, wenn nicht gar Ausschaltung des Befalls durch Kohl- und Möhrenfliege, weil diese zur Zeit der Eiablage das Vlies nicht durchdringen können. Bei Dauerkulturen, wie Rhabarber und Spargel, bringt das Überdecken eine Ernteverfrühung bis zu zwei Wochen. Wird die Kombination Vliesbedeckung und obenauf für 2–3 Wochen eine Lochfolie ausgebreitet (Doppelbedeckung), ist der Verfrühungseffekt noch größer.

## Folien

Lochfolie (0,05 mm starke PE-Folie): Es haben sich 500 Löcher/$m^2$, mit Lochdurchmesser 1 cm, als Standardlochung am günstigsten erwiesen. Das entspricht 4% Loch-(Lüftungs-)Fläche. Mit zunehmender Lochzahl/$m^2$ nimmt der Ernteverfrühungseffekt ab, jedoch kann die Folie länger liegenbleiben. Je weniger Löcher pro $m^2$ vorhanden sind, desto kürzer ist die Bedeckungszeit. Das Regen-und Gießwasser dringt durch die Löcher ein.

Schlitzfolie: auch »wachsende Folie«, ist elastisch und dehnbar. Das bewirken 30000 Schlitze/$m^2$. Beim Auflegen auf die Beete sind sie noch geschlossen. Die Folie dehnt sich mit zunehmendem Wachstum der Pflanzen. Durch dieses »Aufgehen« wird der Lüftungseffekt verstärkt, im Endstadium bis 25%. Der »Mitwachseffekt« ist dem Pflanzenwachstum angepaßt, wodurch sich die Temperatur unter der Folie allmählich der Außentemperatur anpaßt. Schon bei geschlossenen Schlitzen gelangen Regen- und Gießwasser durch die Folie hindurch; mit zunehmender Öffnung vergrößert sich die Durchlässigkeit.

Reifehauben: Für Tomaten, Auberginen, Paprika werden sie als gelochte oder »mitwachsende« Hauben, den Bedürfnissen der Pflanzen gerecht. Das gleiche gilt für luftdurchlässige Vliese. Keinesfalls darf ein geschlossener Folienschlauch genommen werden (Feuchtigkeit, pilzliche Erkrankungen). Die Pflanzen sollten nicht während der gesamten Vegetationsperiode überzogen bleiben.

»Richters Selbstlüftende« Frühbeetfenster öffnen und schließen sich automatisch (stromlos).

<u>Folientunnel:</u> mit gelochten Folien überzogen; hier können auch im Sommer Gurken wachsen. Sie erfüllen in dieser Hinsicht ähnliche Aufgaben wie Frühbeete und erfordern gleiche Aufmerksamkeit (lüften, gießen).

<u>Mit Folie überzogene Gestelle:</u> sind selbst herzustellen und für verschiedene Zwecke zu verwenden, auch für höhere Gewächse. So sind Dahlien und andere Frostempfindliche im Herbst durch Überbauen vor dem ersten Frost zu retten. Als Folienstärke kommen 0,10–0,20 mm in Betracht. Für die Rahmen der Holzleisten sind 3 × 2 cm ausreichend. Folien dürfen nicht direkt auf den Leisten befestigt werden. Sie würde an den Rändern einreißen. Auf dem Holzrahmen können die Folienränder gefaltet, d.h. umgeschlagen, bevor sie mit Dachpappennägeln oder nicht rostenden Heftklammern befestigt werden. Nägel und Klammern müssen eine Unterlage aus Kunststoff-, Pappstreifen oder Gummischeiben erhalten. Empfehlenswerter und vor allem sicherer ist die Abdeckung mit zusätzlichen Leisten, so daß die Folie zwischen Rahmen und umlaufender Abdeckleiste eingebettet ist.

<u>Schattierfolie:</u> Ähnlich wie bei transparenten Schlitzfolien ist hier die gleiche Schlitzanzahl. Sie ist weiß eingefärbt, UV-stabilisiert und als »wachsende« Schattierfolie im Handel. Sie reflektiert das Licht und mildert die Wärmeeinstrahlung. Bei Setzlingen und Aussaaten im Sommer ist das vorteilhaft. Außer der Verwendung im Gemüsegarten ist auch das Abdecken eingesäter Rasenflächen zu empfehlen. Ferner können auch im Spätherbst und Frühwinter Endivien- und Porreebeete bedeckt werden, zur Erleichterung der Ernte.

**Links: Bodenbedeckung mit Lochfolie**

**Rechts: Tomatenreifehauben sollten gelocht, geschlitzt oder aus Vlies sein.**

## Vlies

Es ist auf der gesamten Fläche durchlässig. Licht, Luft, Gieß- und Regenwasser dringen flächig ein. Die Luftdurchlässigkeit entspricht einer 750–1000-Loch-Folie. Die Lichtdurchlässigkeit liegt bei 75% gegenüber 90% bei Folie. Das liegt daran, daß das vernetzte, stoffartige Material weniger durchsichtig ist als Folie. Die Luft- und Bodenraumerwärmung ist geringer als unter Lochfolie. Bei starker Abkühlung bildet sich durch aufsteigende Bodenfeuchtigkeit und Tau eine dünne Eisschicht, wodurch die Abstrahlung von Bodenwärme verhindert wird. Dieser schützende Eispanzer schirmt Pflanzen unter Vlies bis –5/–7 °C ab. Bei Folie ist zwar die Startentwicklung besser, Vliese können jedoch länger auf den Pflanzen bleiben. Das leichte und luftdurchlässige Vlies liegt bei Wind ruhiger und verursacht keine Schlagschäden durch Flatterwirkung. Alle Materialien werden locker – keinesfalls gespannt – aufgelegt. Künftiges Pflanzenwachstum sollte berücksichtigt werden. Die Ränder werden befestigt, am besten mit Folienklammern oder bei Folie durchgehend mit Erde oder Steinen, bei Vlies nur punktuell. Vor den Bedeckungen muß für ausreichende Nährstoffgaben gesorgt werden. Für das Abnehmen der Materialien sollten eigene Erfahrungen gesammelt werden. Schlitzfolie und Vlies können bis in die Erntephase hinein auf den Pflanzen bleiben.

**Tunnel mit Vlies überzogen**

## Netze

Schutznetze sind ein wirksames technisches Hilfsmittel zur Abwehr von tierischen Schädlingen im Gemüsebau. Der große Vorteil ist in der Schonung der Umwelt zu sehen, vor allem durch die Einsparung von Pflanzenschutzmitteln, insbesondere von Insektiziden. Wer sich für den integrierten Anbau interessiert und ihn praktizieren möchte, kann u.a. Rettich, Kohlrabi, Möhren mit Netzen bedecken. Sie müssen sofort nach dem Säen oder Pflanzen aufgelegt werden und ringsherum absolut »dicht« sein, damit kein Schlupfloch für tierische Schädlinge

bleibt. Rundumlaufend mit Erde oder Steinen befestigen. Kunststoffnetze bestehen meistens aus PE (Polyethylen) und werden, wie Vlies und Folie, als Flachabdeckung über die Beete gebreitet. Die UV-stabilisierten Kunststoff-Fäden mit Gitterstruktur sind mit Kette und Schuß verwoben. Damit wichtige Gemüsefliegenarten ausgesperrt bleiben, ist die Maschengröße darauf ausgerichtet, daß keine Eiablage erfolgen kann. Und das ist die Aufgabe der Netze.
Schutznetze verschiedener Hersteller haben Maschenweiten von 1,35 × 1,35 mm, 1,8 × 1,8 mm, 1,6 × 1,2 mm und wie-

**Schutznetze zur Abwehr gefräßiger Schädlinge, wie Kohlfliegen, Erdflöhe, Drehherzmücken, Kohlweißlinge.**

gen zwischen 56–75 g/m². Lieferbar sind sie in Breiten von 2,10 bis 2,60 m. Die Haltbarkeit wird mit 15 bis über 20 Einsätze angegeben. Netze müssen der Beetbreite angepaßt sein. Die meist dauerhaften Netze bleiben während der Vegetationsperiode auf dem Pflanzenbestand.

Mulchfolie: Hat als Bedeckung des Bodens viele Vorteile: Beeinflussung der Bodengare, Schutz vor Verschlämmung bei starken Niederschlägen, Einwirkung auf die Bodentemperatur (2–5 °C gegenüber unbedeckt). Das wirkt sich positiv auf eine Ernteverfrühung (Erdbeeren bis zu 10 Tagen) und auch auf Mehrerträge aus. Auch die bodennahe Luftschicht ist wärmer (günstiges Kleinklima), weil die nächtliche Abstrahlung eingeschränkt ist. Weiterhin Unterdrückung des Unkrautwuchses.

**Bodenbedeckung mit Mulchpapier: Es unterdrückt Unkraut, mulcht den Boden und löst sich auf – umweltfreundlich.**

Günstige Auswirkungen auf den Wasserhaushalt (bedeckter Boden bleibt länger feucht). Außerdem führt Mulchfolie zur Qualitätsverbesserung. Die Früchte liegen auf der Folie (Fäulnis, Verschmutzung) und sie erleichtert die Ernte. Außer Gurken, Melonen, Tomaten, Paprika werden vor allem Erdbeeren in Mulchfolie gesetzt. Am besten haben sich geschlitzte Mulchfolien bewährt. Gieß- und Regenwasser dringen in das Erdreich ein. Für die Wasserversorgung ist die Bewässerung mit Tropfrohren zu empfehlen.

Mulchpapier: Von der Rolle abgewickelt und direkt auf die Beete gelegt (Ränder beschweren), wird zunehmend bei einjährigen Pflanzen verwendet. Es wird aus Zellulose, auch mit geringem Anteil aus Altpapier hergestellt und wird künftig als umweltschonendes Produkt an Bedeutung gewinnen. Das Material ist wasserdurchlässig, verrottet und kann untergegraben oder eingefräst werden. Es enthält keine chemischen Zusatzstoffe.
Für Einzelpflanzungen gibt es Mulchscheiben, die auch von der Folienbahn selbst abgeschnitten werden können. Bevor die Folie ausgelegt wird, ist für eine Grunddüngung zu sorgen.
Die Pflanzstellen werden auf der Folienbahn markiert (Kreide) und anschließend mit Kreuzschnitten versehen (scharfes Messer, Schere), in die hineingepflanzt wird.

Die oft bemängelte Haltbarkeit von Folien beruht darauf, daß sie vom UV-Anteil des Sonnenlichtes angegriffen und mit der Zeit spröde und rissig werden. Daher in der Zeit, in der sie nicht gebraucht werden lichtgeschützt aufbewahren. Netze mit handwarmem Wasser und Neutralseife reinigen, trocknen, falten und dunkel aufbewahren.

# Das ganze Jahr im Grünen wohnen

Garten-Erlebnis
Michael Lohmann
## Grüne Träume
## unter Glas
Schönes und Nützliches
in Wintergarten und
Gewächshaus, vom Bau bis
zur Bepflanzung: Planung,
Materialien, Konstruktion,
Einrichtung, Pflanzenporträts – auch für Frühbeetkästen und Folientunnel.
111 Seiten, 114 Farbfotos,
5 Zeichnungen

BLV Gartenberater
Karlheinz Jacobi/Dietrich
Mierswa
## Gärtnern unter
## Glas und Folie
Bau, Technik und Nutzungsmöglichkeiten von
Kleingewächshäusern und
Frühbeeten mit monatlichem Arbeitskalender.
229 Seiten, 101 Farbfotos,
91 s/w-Fotos, 50 Zeichnungen

BLV Garten- und Blumenpraxis
Siegfried Stein
## Gärtnern im
## Kleingewächshaus
Kulturanleitungen für
Zier- und Nutzpflanzen:
Gewächshaustypen,
Bodenvorbereitung, Sorten,
Anbau, Aussaat, Düngung,
Ernte, Schädlingsbekämpfung.
127 Seiten, 132 Farbfotos,
6 Zeichnungen

BLV Gartenberater
Peter Hans Nengelken
## Wintergärten und
## Überdachungen
Planung und Bau von Wintergärten und Terrassenüberdachungen: Standortwahl, Material, Montageanleitungen, Inneneinrichtung, Auswahl geeigneter
Pflanzen.
143 Seiten, 62 Farbfotos,
6 s/w-Fotos, 116 Zeichnungen

Christoph und Maria
Köchel
## Kübelpflanzen –
## Der Traum vom Süden
Umfassendes Handbuch
über die Planung von
Wintergärten und Terrassen mit sieben Gestaltungsbeispielen für Wintergärten; 150 ausführliche
Porträts von Kübelpflanzen; Informationen über
Herkunft und Pflegeansprüche; Alles zur Überwinterung.
191 Seiten, 233 Farbfotos,
2 farbige und 8 s/w-Zeichnungen

BLV Gartenberater
Wolfgang Rysy
## Orchideen
Tropische Orchideen für
Zimmer und Gewächshaus:
Merkmale, Pflanzen- und
Blütenaufbau, Verbreitung, Lebensweise, Kultur-
und Pflegehinweise.
191 Seiten, 123 Farbfotos,
10 Zeichnungen

In unserem Verlagsprogramm finden Sie Bücher zu folgenden Sachgebieten:
**Garten und Zimmerpflanzen • Natur • Heimtiere • Angeln •
Jagd • Reise • Sport und Fitness • Wandern, Bergsteigen,
Alpinismus • Pferde und Reiten • Auto und Motorrad •
Gesundheit, Wohlbefinden, Medizin • Essen und Trinken**

BLV

Wünschen Sie Informationen, so schreiben Sie bitte an:
**BLV Verlagsgesellschaft mbH • Postfach 40 03 20 • 8000 München 40**
Telefon 089/12705-0 • Telefax 089/12705-547